Por que os homens se casam com algumas mulheres e não com outras?

JOHN T. MOLLOY

Por que os homens se casam com algumas mulheres e não com outras?

Uma pesquisa inédita revela os fatores decisivos para você conquistar o marido dos seus sonhos

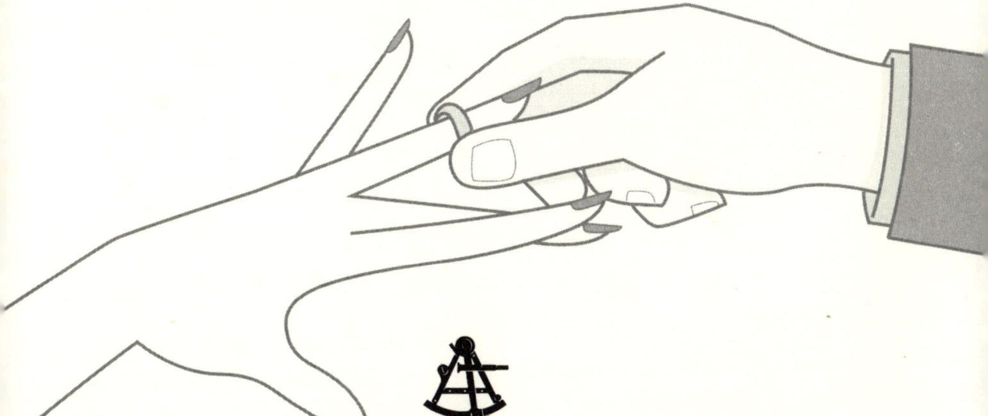

SEXTANTE

Título original: *Why Men Marry Some Women and Not Others: The fascinating research that can land you the husband of your dreams*

Publicado em acordo com a Warner Books, Inc., Nova York, NY, EUA.

tradução: Pedro Jorgensen Junior
preparo de originais: Cristiane Costa
revisão: Clara Diament e Sérgio Bellinello Soares
projeto gráfico e diagramação: Valéria Teixeira
capa: Silvana Mattievich
fotolitos: RR Donnelley
impressão e acabamento: Bartira Gráfica e Editora S/A

CIP-BRASIL. CATALOGAÇÃO-NA-FONTE
SINDICATO NACIONAL DOS EDITORES DE LIVROS, RJ

M74p Molloy, John T.

Por que os homens se casam com algumas mulheres e não com outras? / John T. Molloy [tradução de Pedro Jorgensen Junior].
– Rio de Janeiro: Sextante, 2005.

Tradução de: Why men marry some women and not others

ISBN 85-7542-165-4

1. Maridos. 2. Companheiro conjugal – Escolha. 3. Relação homem-mulher. 4. Casamento. I. Título.

05-0845. CDD 646.77
CDU 392.4

Editora Sextante (GMT Editores Ltda.)
Rua Voluntários da Pátria, 45 – Gr. 1.404 – Botafogo
22270-000 – Rio de Janeiro – RJ
Tel.: (21) 2286-9944 – Fax: (21) 2286-9244
E-mail: atendimento@esextante.com.br
www.sextante.com.br

Este livro, como tudo o que faço,
é dedicado a Maureen e Rob.

Quero agradecer à meia dúzia de mulheres que me fizeram começar a pesquisar o casamento e às centenas que não me deixaram desistir. Sou grato também às milhares de pessoas que responderam às nossas perguntas e especialmente aos casais que, à saída dos cartórios, atrasavam suas comemorações para conversar com meus pesquisadores. Sem a sua colaboração eu não teria obtido os dados em que se baseia este livro. Finalmente, sou muito grato a Valerie Marz, Judy Stein e John Aherne, cujo talento me ajudou a transmitir essas informações numa linguagem clara e atraente.

Sumário

Introdução

Toda mulher solteira que se guiar por esta pesquisa terá mais chances não apenas de se casar, mas de se casar com o homem que verdadeiramente deseja. Ela foi feita por uma equipe que há mais de 40 anos vem realizando pesquisas sobre vestuário, imagem e vendas para empresas da *Fortune 500* e agências governamentais, nos Estados Unidos e em outros países.

Longe de ser um conjunto de regras sobre como manipular um homem para levá-lo ao altar, este livro foi concebido para proporcionar às mulheres estatísticas que possam ajudá-las a tomar decisões inteligentes na busca de um companheiro.

O primeiro motivo que me leva a crer que este livro pode ajudar as mulheres que desejam passar do status de solteira para o de casada é a amplitude das pesquisas realizadas. Entrevistamos 2.543 mulheres – e seus respectivos noivos – quando acabavam de dar entrada nos papéis do casamento, além de outras 221 mulheres na faixa de 30 anos e ainda 463 na faixa dos 40 sem perspectivas imediatas de casamento. Descobrimos que esses dois grupos de mulheres tinham atitudes diferentes em relação ao amor, ao casamento e à vida. Descobrimos também que as solteiras de mais de 40 anos trataram os homens que passaram por suas vidas de uma forma muito diferente do que fizeram as mulheres que se casaram entre os 20 e os 30 e poucos anos de idade.

Também buscamos informação conversando com grupos específicos: homens que passaram anos com uma mulher e se casaram com outra pouco depois do rompimento; mulheres que se deixaram convencer a não se casar; homens que tiveram vários relacionamentos longos e nunca se casaram; homens que se viam como solteiros assumidos; e outros mais. Organizamos grupos de discussão sempre que nossas entrevistas deixaram perguntas sem resposta ou levantaram questões adicionais.

A segunda razão pela qual eu creio que este livro ajudará as mulheres a se casar é o fato de que, das cerca de 350 pesquisadoras solteiras que trabalharam no projeto ou se familiarizaram com a pesquisa durante os últimos 11 anos, mais da metade veio a se casar até três anos depois. É um número extraordinariamente alto se considerarmos que 19% delas eram mulheres de 30 a 40 e poucos anos de idade, e muitas já tinham renunciado à idéia de se casar.

Finalmente, muitas mulheres que trabalharam no projeto acreditam que a pesquisa as ajudou. Eu sei, porque várias delas me agradeceram pessoalmente e/ou me convidaram para seus casamentos.

Como começou o projeto

Este estudo nasceu no final da década de 1980 quando Robin, uma pesquisadora que eu contratara, telefonou do apartamento de sua irmã mais velha para dizer que não ia trabalhar no dia seguinte. Eu conhecia a irmã de Robin, Kelly. Ela havia trabalhado para mim como pesquisadora alguns anos antes. Kelly acabara de descobrir que o ex-namorado, com quem rompera cinco meses antes um relacionamento de quase três anos, ia se casar com outra mulher. Robin disse que a irmã estava tão transtornada que não podia deixá-la sozinha. "E a culpa é, em parte, sua", ela disse. Eu lhe perguntei como era possível.

Então Robin me contou que não era a primeira vez que aquilo acontecia com sua irmã. Ela já tivera um longo relacionamento de dois anos com um homem que, um ano depois do rompimento, casou-se com outra mulher. Aí me fez recordar que, quando Kelly trabalhou para mim, eu disse várias vezes: *"Quando um acontecimento se repete, costuma haver um motivo."* E Robin desligou.

Aquilo tinha sido uma afirmação inofensiva, mas eu senti uma pontada de culpa. Felizmente, 20 minutos mais tarde o telefone tocou novamente. Era Kelly, dizendo que não apenas Robin iria trabalhar na manhã seguinte como ela mesma estava disposta a ajudar. Em troca, pediu que eu ajudasse a desenvolver um projeto de pesquisa que lhe mostrasse o que estava fazendo de errado com os homens. Como os dois tinham se comportado de maneira idêntica, Kelly estava convencida de que eu tinha razão: havia um motivo. E ela não queria espantar todos os homens que viesse a conhecer repetindo os mesmos erros.

Eu não sabia se seria capaz, mas acabei concordando. No dia seguinte, expus o plano que havia esboçado depois da nossa conversa: iríamos pedir a noivos que tivessem acabado de dar entrada nos papéis para o casamento que respondessem perguntas sobre o seu relacionamento. Comparando as informações desses casais com as dela, poderíamos dizer se havia diferenças significativas.

Kelly gostou da minha idéia, e passamos então ao trabalho. Os casais de noivos eram em sua maioria jovens e bem-humorados e se mostraram mais do que dispostos a falar sobre como, quando e onde se conheceram e começaram a namorar. Começávamos com perguntas gerais sobre o relacionamento deles, depois passávamos a aspectos mais específicos. O primeiro passo foi separar os homens das mulheres porque sabíamos que as respostas seriam mais sinceras se o futuro cônjuge não estivesse presente.

Depois de conversar com os primeiros casais, acrescentamos perguntas para preencher lacunas de informação e ajustamos o questionário. Até a hora de o cartório fechar, entrevistamos quatro grupos de três casais, sempre refinando a nossa abordagem.

No fim do dia, Kelly anunciou que já sabia o que estava fazendo de errado com os homens. Retruquei que ela era uma pesquisadora boa demais para afirmar isso com tão poucos dados. Era impossível uma amostra tão pequena fornecer informações suficientes para responder àquela questão complexa. Mesmo assim, Kelly disse que sabia a resposta: "O problema foi *eu* não estar tão empenhada em me casar para exigir um compromisso."

Ela percebeu a ironia contida na sua afirmação e observou que as mulheres, embora adorem acusar os homens de não querer se comprometer, muitas vezes não estão suficientemente preparadas para exigir que seus namorados se casem com elas.

Nas entrevistas com seus dois últimos grupos, Kelly acrescentou por conta própria uma pergunta: "Se no caminho do cartório o seu namorado se virasse para você e dissesse 'Eu não estou pronto', ou qualquer outra frase do gênero, o que você faria?" Kelly me contou que, no momento em que se dirigiam ao cartório, seu primeiro noivo anunciou que não estava preparado para se casar e deu meia-volta com o carro. Ela consentiu em lhe dar um tempo e agora estava convencida de que cometera um erro.

Sessenta por cento das mulheres que ela entrevistou naquele dia (e, como se viu depois, mais de 60% das mulheres que entrevistamos nos 10 anos seguintes) revelaram que reagiriam da mesma maneira, mas dariam aos noivos um ultimato: ou você casa comigo ou...

As respostas não eram idênticas, quer no conteúdo quer no tom. Várias mulheres disseram ter dado um ultimato ao parceiro no momento em que o assunto veio à baila, mas a maioria apenas insinuou que o deixaria. Leve em consideração que estamos falando de mulheres que se preparavam para casar com o homem dos seus sonhos. Muitas não chegaram a dizer que terminariam o namoro. A maioria disse que conversou com o noivo para ajudá-lo a superar a crise. Elas achavam que aquilo não passava de tremedeira pré-nupcial. Em geral, suas respostas eram mais conciliatórias do que "Eu ia me livrar dele". Mas quando a pergunta foi refinada, estipulando que, independentemente do que elas fizessem ou dissessem, o homem continuava afirmando que não estava preparado para casar e que não sabia quando ou mesmo se estaria um dia, quase 60% das entrevistadas deixaram claro que romperiam o namoro. A maioria acrescentou, à guisa de explicação, que não iria deixar que esses homens arruinassem sua vida.

Kelly estava disposta a entrevistar quantos fossem necessários para obter uma resposta estatisticamente significativa. Passamos, então, eu, Kelly e Robin, várias horas num restaurante do aeroporto, à espera do meu vôo, detalhando um levantamento que identificasse as diferenças entre relacionamentos que deram em casamento e relacionamentos que não deram em nada.

Eu levei comigo uma cópia do projeto de pesquisa para aperfeiçoá-lo durante a viagem. Quando voltei para casa, passamos duas horas ao telefone montando um questionário e preparando procedimentos de entrevista. Combinamos que, quando Kelly me mandasse os dados brutos, eu prepararia um relatório.

Passados um ou dois meses, eu parei de procurar na minha correspondência os resultados da pesquisa. Imaginei que Kelly desistira do projeto, uma vez que acreditava já ter encontrado a resposta. Seis meses depois, quando o correio me entregou uma caixa enorme cheia de papéis, fiquei pasmo. Ela entrevistara não apenas noivos e casais recém-casados, como 33 homens que tiveram um relacionamento sério com uma mulher e acabaram se casando com outra pouco depois de romper com a primeira.

A primeira a testar a pesquisa

Quase dois anos depois de ter começado a pesquisa, Kelly me ligou para dizer que ia se casar. Ela havia seguido a orientação de seu próprio levantamento. Encontrara um outro homem por quem estava apaixonada, mas não deu margem para um comportamento semelhante ao dos outros dois. Contou também que sua irmã Robin acabara de ficar noiva e que achava que ela não tivera dificuldade em fazer o namorado se comprometer por também ter se guiado pelo meu relatório. Isso foi há nove anos.

Em outubro de 1993, a etapa seguinte da pesquisa teve seu começo quando outra jovem, Karen, me pegou no corredor de uma empresa onde eu dava sessões de treinamento em técnicas de venda para se queixar de que meu relatório sobre a busca do casamento – que estava sendo divulgado sem minha permissão – não respondia a todas as suas perguntas. Indignada, Karen observou que o relatório afirmava existir um certo momento em que os homens estão mais propensos a assumir compromissos, mas não explicava que momento era esse. "Você não se sente na obrigação de descobrir?", ela exigiu.

Essa jovem irada queria também saber se, depois de vários encontros, uma mulher inteligente teria como dizer se um homem era um marido em potencial ou um bobão imaturo. Quando parou para respirar, eu lhe perguntei se ela tinha uma cópia do relatório. Sem pestanejar, ela tirou uma da bolsa. Na esperança de acalmá-la, expliquei que o relatório era apenas um sumário de pesquisa. Mas Karen, em vez disso, perguntou-me se eu poderia planejar uma pesquisa que respondesse às suas perguntas.

Dois meses depois, esse segundo grupo liderado por Karen me apresentou os resultados de seu levantamento. Como não eram pesquisadores treinados, não fizeram um trabalho tão bom quanto o do grupo de Kelly. Mas, quando juntei os dados dos dois estudos, foi uma daquelas ocasiões em que um mais um somam mais do que dois.

Mal começou a circular a notícia de que eu tinha esse relatório, quase todas as mulheres solteiras que trabalhavam para mim, além de centenas de suas amigas, pediram-me para lê-lo. Algumas chegaram a usar os dados brutos. Pelo menos 30 equipes de pesquisadoras se ofereceram como voluntárias para fazer levantamentos adicionais. Passei três meses em campo desenvolvendo a versão final dos questionários a serem feitos na porta dos cartórios.

Consciente do efeito "lentes cor-de-rosa", eu o levei em consideração na interpretação dos dados. Ao entrevistar casais de noivos pedindo-lhes para falar sobre a pessoa ao lado de quem pretendiam viver o resto de suas vidas, eu esperava obter descrições muito pouco realistas. Se havia um momento em que eles olhariam seus parceiros através de lentes cor-de-rosa, era esse.

Em 1994, eu assumi a direção do trabalho. A natureza de algumas pesquisas faz com que sejam muito importantes a experiência e a perícia do pesquisador. Pesquisadores mais velhos do mesmo sexo conseguem obter respostas mais sinceras do que pesquisadores mais jovens. Sempre que possível, eu dirigia pessoalmente os grupos de discussão, para extrair deles o máximo possível de informação. Eu e minha equipe trabalhamos nisso até junho de 2000.

Seis descobertas na trilha do homem casadouro

A primeira coisa que aprendemos com a pesquisa foi que a conclusão inicial de Kelly estava correta. A principal diferença entre as mulheres que casam e as que não casam é a seguinte:

As mulheres que se casam são as que insistem no casamento.

A segunda coisa que aprendemos foi:

As mulheres que se casaram eram muito menos propensas a perder tempo em relacionamentos sem futuro.

Muitas delas nos revelaram ter tido relacionamentos sérios, que romperam por perceber que não iriam a lugar algum.

A terceira coisa que aprendemos foi:
As mulheres que se casaram gostavam mais de si mesmas do que de qualquer homem.

A maioria se referia aos homens em quem deram o fora como "inúteis". De início eu pensei que se referiam ao insucesso deles na vida profissional, ou na vida social, mas não era o caso. A razão pela qual elas viam seus ex-namorados como inúteis era o fato de esses homens não assumirem compromissos e, conseqüentemente, não atenderem às necessidades delas.

Quarta lição. O estudo mostrou que:
As mulheres que se comprometem com a idéia do casamento têm muito mais chances de se casar do que as que não se comprometem.

Não resta dúvida de que algumas mulheres se casam porque são bonitas, afortunadas ou atraentes. Na maioria dos casos, porém, o casamento resulta da pressão, às vezes sutil às vezes nem tanto, exercida pelas mulheres sobre os homens com quem se casam.

Isso nos leva à quinta verdade estatística:
Mulheres magras têm mais facilidade de encontrar homens e mais chances de se casar.

As mulheres que encontramos à saída dos cartórios eram mais esbeltas do que as solteiras. Mantendo a forma e a boa aparência, você tem mais chance de atrair os homens. E, vamos encarar os fatos, só atraindo o homem você consegue se aproximar o suficiente para saber se ele é matéria-prima para o casamento.

A sexta descoberta importante foi:
O tempo é o maior inimigo da mulher.

Para não correr riscos, a mulher deve começar a procurar um

marido antes dos 30. Admitamos que ela leve uns dois anos para descobrir se um determinado homem é *o* homem. Se não for, aos 20 e tantos anos a mulher ainda é capaz de se movimentar com facilidade no circuito dos solteiros. Suas chances são sensivelmente maiores do que se começar a procurar aos 31, porque poderá dispor de alguns anos a mais no circuito. É claro que existem homens disponíveis em qualquer idade, mas já que a oferta diminui com o passar do tempo fica mais difícil encontrá-los.

Como estamos lidando com relacionamentos complexos, este estudo produziu poucas verdades absolutas. Conseqüentemente, não tenho nenhuma regra ou mandamento inviolável a oferecer. Mas ao final de cada capítulo apresento uma lista de diretrizes, baseadas em descobertas estatísticas, para aumentar as suas chances de casamento.

Com a informação que este livro lhe traz, você poderá melhorar as suas possibilidades independentemente da idade que tenha. O relacionamento homem-mulher é demasiado complexo para se dar garantias, mas, se você quer ter as chances do seu lado na sua guerra de sexos pessoal, leia até o fim.

Diretrizes para conseguir se casar baseadas em seis verdades estatísticas

Se você quer casar:

- Deve insistir no casamento.
- Se o seu relacionamento atual não tem futuro, caia fora.
- Ame a si mesma acima de tudo.
- Comprometa-se com a idéia de se casar.
- Mantenha a forma, controle o peso e cuide da aparência.
- O tempo pode ser o seu pior inimigo. Use-o com sabedoria.

1 O tipo casadouro

Quando Beth, uma de minhas melhores pesquisadoras, disse que atraía homens refratários a compromisso como o mel atrai as abelhas, eu lhe dei uma cópia do sumário da minha pesquisa "Por que os Homens Casam". O relatório mostrava que o principal motivo de os homens pedirem algumas mulheres e não outras em casamento é a diferença de tratamento que elas lhes dão.

Depois de examinar o relatório durante uns 15 minutos, Beth o colocou de volta na minha mesa dizendo que eu era um machista. Por um momento, fiquei perplexo. Ela disse: "Você reforça o mito de que os homens não assumem compromisso porque as mulheres fazem coisas erradas. Isto é um absurdo. Na maioria dos casos, é o homem que decide que não está preparado ou não quer se casar. Independentemente do que a mulher faça, existem homens que jamais assumirão compromissos. Se você não admitir isso, é porque não entendeu nada. Agora, se você tem intenção de prestar um bom serviço às mulheres, ajude-nos a identificar esses inúteis antes de nos envolvermos com eles."

Depois de dizer a Beth que mais de 300 mulheres haviam trabalhado comigo na pesquisa e que nenhuma fizera essa observação, pedi desculpas.

Fui obrigado a admitir que ela tinha uma certa razão. Minhas entrevistas com homens solteiros mostraram que existem homens que jamais vão assumir um compromisso. Beth tinha razão também em dizer que eu só estaria prestando um verdadeiro serviço às mulheres se as ajudasse a identificar os mais propensos a se casar. Como recompensa pela sugestão, eu a encarreguei do projeto.

Será que ele já está na idade de casar?

O levantamento revelou alguns fatos interessantes. O primeiro deles é que há uma idade em que o homem está preparado para se casar – a Idade do Compromisso. Ela varia de homem para homem, mas alguns padrões são facilmente identificáveis:

- A maioria dos homens com nível de instrução superior começa a pensar em casamento como uma possibilidade real aos 23, 24 anos de idade.
- Os homens que fazem pós-graduação levam mais tempo para entrar no mercado de trabalho, por isso só estão preparados para o casamento alguns anos depois.
- Entre os homens com pós-graduação, a janela de oportunidade para o casamento dura pouco mais de cinco anos. Aos 31, 32 anos, as chances de assumirem compromisso são ligeiramente menores do que dos 28 aos 30, mas eles ainda estão propensos a pensar no assunto.
- Uma vez completados os 33, 34 anos de idade, as chances de assumirem compromisso começam a diminuir. Até os 37, eles continuam sendo bons partidos.
- Depois dos 38, as chances de que venham a se casar um dia diminuem sensivelmente.
- As chances de um homem se casar pela primeira vez diminuem ainda mais quando ele chega aos 42, 43 anos de idade. A esta altura, muitos se tornam solteiros assumidos.
- A probabilidade de um homem que chegou solteiro à faixa dos 47 a 50 anos de idade se casar não é nula, mas diminui significativamente.

Apesar disso, não se trata de uma correlação de um para um. Um homem que entra na faculdade de Medicina, por exemplo, que exige pelo menos um ano de residência após o curso, geralmente começa a pensar em casamento por volta dos 27, 28 anos de idade.

Os homens solteiros entrevistados explicaram que, quando saem da escola ou da faculdade, arranjam emprego e começam a ganhar dinheiro, novas possibilidades se abrem para eles. Pela primeira vez, a maioria tem alguma independência. De repente, eles têm um carro, um apartamento e um salário. Durante alguns anos, eles relutam a sequer pensar em casamento porque querem aproveitar a vida de solteiro, que muitos encaram como um rito de passagem. Durante os primeiros poucos anos de vida independente, portanto, seu primeiro objetivo é se divertir, o que significa namorar sem nenhuma intenção séria de casamento.

O fato de você estar preparada não significa que ele também esteja

Um dos erros mais comuns que as mulheres jovens cometem é supor que, como já estão preparadas para se casar aos 20 e poucos anos de idade, os homens que elas namoram também estão. Mas, como demonstra a pesquisa acima, em geral não é esse o caso. A mulher que está à procura de um marido deve namorar homens que já tenham chegado à idade do compromisso. Se ela começar a sair com um homem um pouco abaixo dessa idade, quando o namoro completar um ano ele talvez já tenha atingido o ponto em que estará receptivo à idéia do casamento. Isto considerando-se que estamos falando do homem típico, porque os números que acabei de citar são apenas estimativas abalizadas. Além de os homens não amadurecerem todos no mesmo ritmo, outros fatores podem afetar a disponibilidade masculina para o casamento. Mesmo entre homens inclinados ao casamento e de idêntica formação e nível socioeconômico, 20% atingirão a idade do compromisso um ano ou mais antes do estimado por nós, ao passo que outros 20% só pensarão em casamento como uma opção real dois a quatro anos mais tarde. Mas se você está namorando um homem que ainda está muito distante da idade do compromisso, a probabilidade de que ele o assuma é relativamente pequena.

Há uma exceção a essa regra: homens e mulheres que ainda na faculdade formam casais seriamente comprometidos geralmente se casam pouco depois de se formar. Em geral esse é um arranjo aceito pelo homem, mas concebido pela mulher. Esses casais representam, no entanto, uma porcentagem muito pequena dos solteiros atuais.

Despedindo-se do circuito

Ao conduzir um grupo de discussão com 12 solteiros que tinham acabado de pedir as namoradas em casamento, aprendemos que eles ficaram muito mais propensos a se casar quando se cansaram do circuito dos solteiros. Começamos lhes fazendo perguntas sobre como eram suas vidas antes de conhecerem as futuras esposas: se estavam saindo com alguém e com que freqüência, onde haviam conhecido as mulheres, se freqüentavam lugares de paquera e, caso positivo, com que freqüência também. O que mais nos surpreendeu foi cerca de um terço deles dizer que, de seis meses a dois anos antes de conhecerem a futura esposa, não estavam saindo acompanhados nem freqüentando *points* de solteiros com a mesma assiduidade com que costumavam fazê-lo alguns anos antes.

Eles não haviam deixado de sair com mulheres. Apenas não estavam mais indo a baladas nem azarando várias vezes por semana. Paquerar não era mais a sua principal razão para sair. Em geral eles não o haviam admitido para si mesmos, mas as respostas revelaram que estavam tentando conhecer alguém com quem pudessem ter um relacionamento sério. Disseram-nos que o circuito dos solteiros já não era tão divertido quanto antes.

O passo seguinte

Esses homens não haviam renunciado por completo aos *points* de paquera, mas estavam preparados para "algo mais", ou o "passo seguinte". Essas duas expressões chamaram a minha atenção. Quatro homens do nosso grupo de discussão expressaram-no em outros termos, e 10 ou 12 disseram sentir a mesma coisa: o circuito dos solteiros havia perdido um pouco do seu encanto. O "passo seguinte", como a maioria admitiu, embora relutante, era um relacionamento sério ou quem sabe o casamento.

Quando lhes perguntamos por que não estavam satisfeitos com o circuito dos solteiros, a única resposta que obtivemos foi: "Já viu uma, já viu todas." Ficou claro que eles já não iam tantas vezes a esses lugares porque a maioria das pessoas que os freqüentavam era muito mais jovem do que eles. A contragosto, vários homens admitiram ter passado mais de um ano se sentindo pouco à vontade nesses lugares onde se vai para paquerar. O ambiente dos profissionais liberais solteiros é obviamente freqüentado por uma turma mais velha e mais sofisticada do que a dos homens cuja educação formal terminou no ensino médio, mas, no final, a experiência dos homens de ambos os grupos era a mesma.

Num grupo de discussão constituído de homens em vias de se casar havia três rapazes formados na mesma escola. Dois chegaram a adquirir formação técnica; o terceiro, não. Um era encanador, outro consertava computadores e o terceiro era gerente de loja. Todos disseram ter começado a se sentir pouco à vontade em seus *points* preferidos cerca de dois anos antes. Um bar e um salão de bilhar eram os lugares onde dois deles se encontravam com os amigos solteiros e mulheres. O terceiro era um ativo membro de uma grande igreja batista. Para ele, o circuito dos solteiros estava circunscrito às reuniões da igreja. Curiosamente, tanto ele quanto os colegas que iam a bares e salões de sinuca fizeram o mesmo comentário.

Um disse que se sentia deslocado no bar que costumava freqüentar, sempre cheio de garotas moderninhas. Em vez de dizer que já estava velho demais para aquele lugar, reclamou que não estavam mais controlando as carteiras de identidade na entrada. O batista observou que os bailes da igreja eram agora tomados por bandos de "garotos". Todos admitiram, ao serem questionados, que quando começaram a freqüentar esses lugares eles também eram "garotos". Eles estavam simplesmente velhos demais para a turma.

No mesmo grupo de discussão havia dois profissionais liberais solteiros, um médico e um engenheiro com mestrado em engenharia elétrica e administração de empresas. Foi surpreendente ouvi-los relatar sentimentos idênticos aos dos homens mais jovens. Os lugares freqüentados pelos profissionais liberais atraíam uma turma de mais idade. Os homens com formação superior sentiam-se perfeitamente à vontade nesses locais até depois de entrar na casa dos 30 anos. Mesmo assim, cerca de 30% disseram ter começado a não se sentir bem no circuito dos solteiros à medida que se aproximavam dessa idade.

Existe, portanto, um momento a partir do qual os homens estão mais preparados para o passo seguinte, mas a idade exata depende da maturidade, da educação e da profissão do indivíduo em questão.

Havia, no entanto, duas notáveis exceções a essa regra geral: os gordos e os carecas. Ganhar peso e perder cabelo em geral fazem o homem parecer mais velho. E, nos *points* de paquera, um homem que parece mais velho costuma ser tratado pelas mulheres como se não devesse estar ali. Vários homens na faixa dos 25 anos com calvície avançada disseram estar menos interessados que os seus amigos no circuito dos solteiros e já preparados para um relacionamento mais sério.

Um homem totalmente calvo de 24 anos revelou ter começado

a se sentir pouco à vontade no circuito dos solteiros quando, ao abordar uma jovem num bar, ela respondeu, num tom de voz alto o bastante para ser ouvida por todos os presentes, que talvez fosse melhor ele ir para casa beijar a esposa e brincar com os filhos. Diante do seu protesto, ela reagiu com sarcasmo. Aí ele viu que estava perdendo a batalha não apenas contra ela, mas contra o bar inteiro. Saiu e nunca mais voltou.

Não é a idade real que deixa os homens pouco à vontade, é a idade que sentem ter, ou a que os outros os fazem sentir que têm. Uma vez decidido que já passaram da idade para o circuito dos solteiros, essa etapa da sua vida está terminada e eles ficam mais propensos a se casar.

Vai procurar sua turma, tio

A experiência de Joe não é nada singular. Advogado, ele nos disse que há três anos freqüentava um certo restaurante-bar nas noites de sexta-feira. Era um ponto de encontro de advogados, juízes e outros profissionais do judiciário. Joe explicou que, nas noites de sexta, o bar ficava apinhado de jovens solteiros, enquanto os mais velhos e os casados ocupavam as mesas. Quando ele chegou no restaurante, numa sexta à noite, havia uma nova *hostess* indicando o lugar às pessoas. Sem perguntar, ela o levou a uma mesa, supondo que ele não ia querer ficar com os solteiros no bar. Constrangido, Joe não quis contradizê-la, mas acabou percebendo que ela estava certa – ele não pertencia mais ao bar.

Em geral, os homens que entrevistamos disseram não ter sido um episódio isolado que os convenceu de que era passada a idade para o circuito dos solteiros, e sim uma série de pequenos incidentes desagradáveis – geralmente comentários de mulheres jovens. Acabaram percebendo que não se encaixavam mais no lugar que haviam freqüentado durante anos.

Um dos nossos grupos de discussão, formado por homens em

vias de se casar, deu a entender que, se a mulher quiser saber se o homem está preparado para se amarrar, deve lhe perguntar até que ponto ele curte o circuito de paquera. Se ele disser que já não é tão divertido como antes, pode ser considerado um bom candidato, porque está pronto para dar o passo seguinte. O grupo estava certo, mas não se trata apenas disso: a mulher deve lhe perguntar várias outras coisas, inclusive a idade.

Solteiros para sempre?

É fácil identificar um solteiro assumido. Ele está tão acostumado a viver sozinho que fará uma lista dos prazeres da sua vida solo – ir aonde quer, não dar satisfação a ninguém – com muitos motivos para não se casar. Mas ainda há esperança. Milhares de solteiros antes "assumidos" se casam todo ano, geralmente com mulheres que conhecem há menos de um ano, ou com quem saem há muito tempo. Mas uma vez que cheguem, ainda solteiros, à faixa dos 47 aos 50 anos, a probabilidade de esses homens se casarem, se não desaparece, diminui sensivelmente.

Atenção, eu estou falando de homens que nunca foram casados. Homens que já foram casados estão abertos a se casar outra vez muito mais tarde na vida. Sua relação com as mulheres é inteiramente diferente. (Você saberá mais sobre eles no capítulo 7.)

As chances de uma mulher de 40 anos ou mais que nunca foi casada conseguir se casar com um namorado que também nunca foi casado ainda são boas. Mas, a essa altura da sua vida, a maioria dos candidatos é de viúvos ou divorciados, que têm chances substancialmente maiores de se casar de novo do que os homens da mesma idade que nunca assumiram esse tipo de compromisso. Em outras palavras, se uma mulher conhece dois homens de 40 e tantos anos, um que já foi casado e outro solteiro, deve escolher o que já foi casado. Mesmo sendo mais cauteloso à primeira vista, ele é muito mais propenso a se casar do que o segundo. Muitas mulheres solteiras dizem que não saem com homens divorciados porque eles costumam ser amargos e defensivos. Em geral, isso é um equívoco.

Lidando com os embromadores

Se você está saindo com um homem que já teve um ou mais relacionamentos longos com outras mulheres com quem não se casou, existe uma real possibilidade de que ele seja um embromador. O embromador é um homem que aluga o tempo das mulheres. Ele gosta de ter uma mulher, de dormir com uma mulher, de almoçar e jantar ao lado de uma mulher, talvez até de compartilhar a vida com uma mulher, mas sem jamais assumir um verdadeiro compromisso com ela. Ele costuma dizer à mulher, na cara, que jamais irá se casar, de maneira que, se, e quando, ele decidir cair fora, ela não terá do que se queixar.

Se você acha que pode estar envolvida com um embromador, estabeleça um limite. Se ele não assumir compromisso com você em seis meses, livre-se dele. Não dê atenção às suas desculpas. Talvez ele diga que você está indo rápido demais. Talvez alegue que vocês não estão juntos há tempo suficiente, que não sabe ou que ainda não se decidiu. O mais provável é que diga qualquer coisa que a faça ficar por perto sem que ele tenha necessidade de assumir um compromisso. Não caia nessa. As chances de um embromador se casar são muito pequenas. Ele simplesmente não é do tipo casadouro.

Eu falei anteriormente sobre homens que namoram uma mulher durante bastante tempo e pouco depois de romper com ela se casam com outra. Na verdade, é o padrão que deu início à nossa pesquisa. Por isso entrevistamos casais em que o homem estava se casando com uma mulher depois de ter estado com outra durante anos. As mulheres que iam se casar com eles nos garantiram que eles assumiram o compromisso logo no começo do relacionamento.

Se você encontrar um homem que já teve um ou mais relacionamentos longos, deixe claro que, se vocês namorarem durante um certo tempo, ele terá de lhe dar uma aliança. Se isso não ficar claro para ele, é porque você não fez o que tinha de fazer. E não pense que o fato de concordar com sua exigência é uma garantia de que ele vai assumir um compromisso. Ele já embromou outras mulheres e poderá tentar uma vez mais. Se depois de seis meses você não obtiver uma aliança, caia fora.

Nós encontramos pelo menos 50 homens que pudemos identificar como embromadores. Eles podem ser muito perigosos. Eu estimo que cada um deles é responsável por pelo menos duas mulheres terem permanecido solteiras. Eles são destrutivos porque fazem as mulheres perder tempo no auge do seu encanto, quando são maiores as suas chances de receber propostas de casamento. Eles ficam com elas, vivem com elas, prometem se casar, mas só fazem embromar indefinidamente.

Existe um modo infalível de identificar esses homens – em geral eles são reincidentes. Se um homem teve, pelo menos, um relacionamento longo com outra mulher, é possível que seja um embromador. Se ele não assumir um namoro firme, fique em guarda.

Relógios biológicos

Falamos com 121 homens de cerca de 40 anos que estavam se casando pela primeira vez. Suas razões para se casar eram diferentes das dos entrevistados mais jovens. Muitos estavam ansiosos para se casar porque o seu relógio biológico estava correndo. É claro, o relógio biológico do homem não é igual ao da mulher. Mas os homens geralmente têm tanta pressa de ter filhos quanto elas. E não é porque estejam preocupados com a capacidade física de gerá-los, e sim com a possibilidade de *ser* pais para os seus filhos. Os homens de 42 anos ou mais em vias de se casar tinham expectativas de ter filhos e, quase que sem exceção, se imaginavam pais de filhos homens. Eles querem ser jovens o bastante para, quando os filhos vierem, ensinar-lhes as coisas que os pais tradicionalmente ensinam aos filhos – andar de bicicleta, jogar bola e assim por diante. A mais importante razão que tinham para se casar era a de que, se esperassem demais, não teriam como ser pais ativos. Portanto, se você encontrar um homem de cerca de 40 anos que lhe diga que está louco para ter um filho para poder curtir com ele as atividades tipicamente masculinas, saiba que isso aumenta sensivelmente a sua disposição de se casar.

Pedras não lapidadas

Conversamos com dezenas de homens de seus 30 e tantos e seus 40 e poucos anos que haviam renunciado à idéia de se casar. Em geral lhes faltava pelo menos um dos seguintes atributos – boa pinta, estatura e sociabilidade. Tinham levado tantos foras que passaram a desacreditar da possibilidade de encontrar mulheres que os amassem ou agüentassem, pelo menos. Muitos haviam sido tratados cruelmente por elas. A frase que mais ouvi deles foi: "Se eu encontrasse uma mulher bacana, casaria com ela amanhã mesmo." Se você encontrar um homem que nunca foi casado e pareça excessivamente tímido, não conclua daí que ele não está interessado em você, principalmente se ele tem mais de 35 anos e não é uma pessoa comunicativa. Se você sinalizar o seu interesse, talvez acabe encontrando um sujeito simpático que está muito a fim de se assentar na vida.

Muitos homens passaram anos levando foras e sendo desprezados pelas mulheres por não serem suficientemente altos, bonitos e galanteadores. É fácil entender por que relutam tanto em arriscar o ego uma vez mais. Se você encontrar um homem que a atrai, não permita que a timidez dele a demova da idéia de demonstrar o seu interesse. Ele só terá coragem de pedir para sair com você quando estiver convencido de que está interessada. Pode ser até que você é quem tenha de pedir, mas talvez valha a pena: esses "diamantes brutos" em geral são fortes candidatos ao casamento.

Existem centenas de milhares de homens e mulheres na casa dos 40 e dos 50 anos em busca de parceiros, mas parece que eles têm dificuldade de se achar. A principal razão, eu creio, é que nos dois grupos há muita gente que, cansada de cair em roubadas na corrida do amor, acabou ficando excessivamente cautelosa. Se você puder ajudar um homem a superar essa postura, talvez ache um diamante bruto. Eu sei que é uma coisa difícil para uma mulher fazer, mas se você for capaz de arriscar uma vez mais poderá ser premiada com um homem maravilhoso.

Uma coisa que me impressionou foi que os homens solteiros eram tão simpáticos, inteligentes e esforçados quanto os casados. Talvez por isso, sete em cada oito homens de 50 anos ou mais em vias de se casar pela primeira vez estavam se unindo a mulheres divorciadas. Essas mulheres nos revelaram que consideravam a timidez, ou alguns centímetros a menos na altura, um detalhe menor, porque já tinham sido casadas com homens altos e charmosos que nem por isso foram bons maridos.

Maus investimentos

Talvez haja um inconveniente em namorar um homem de 40 anos ou mais. Nessa idade, muitos começam a ver a mulher e o casamento como uma má aplicação financeira. Não há outra maneira de dizê-lo. Quando alguém lhes pergunta por que não são casados, eles respondem que passaram a maior parte da vida juntando um pé-de-meia e não estão a fim de dividi-lo com nenhuma "gata". Em nossas entrevistas, eles muitas vezes usavam termos depreciativos para se referir às mulheres. Falavam como se a única coisa que interessa à mulher num homem fosse a grana. O irônico é que vários nem estavam com essa bola toda. Hoje em dia, muitas mulheres ganham mais do que os homens. Se algum sujeito vier lhe falar do casamento como um jogo a dinheiro, no qual as mulheres entram para fazer fortuna, vá embora – correndo! Homens assim dificilmente farão o tipo casadouro.

Eu não estou aqui sugerindo que os casais não devem enfrentar o tema do dinheiro quando estiverem pensando em casamento. Todos os casais precisam discutir esse tipo de questão, especialmente quando um deles ou os dois têm patrimônio e obrigações. Apenas não deixem que a discussão se baseie na suposição de que um está querendo tirar vantagem do outro.

O casamento dos pais

Outro fator que determina as chances de uma pessoa vir a se casar é o sucesso, ou insucesso, do casamento dos seus pais. Nós descobrimos que muitos homens e mulheres solteiros de seus 30 e tantos a 40 e tantos anos eram produtos do divórcio. Na maioria das vezes o casamento dos pais se desfez quando eles eram jovens, o que parece ter influenciado seu modo de encarar a vida. A diferença entre homens mais velhos filhos do divórcio e outros solteiros assumidos são as respectivas razões para não se casarem. Aqueles cujos pais tiveram um casamento bem-sucedido costumam dizer "Eu não me caso porque não estou preparado" ou "Eu gosto de ser solteiro".

Os filhos do divórcio normalmente se queixam do casamento. Eles gostariam de se casar, dizem, mas não têm muita fé na instituição; o casamento não é tão bom quanto se apregoa. Acreditam, sim, em viver junto, porque na sua cabeça depois que as pessoas se casam o romance acaba. Em geral, não fazem segredo de seus sentimentos. Quando conversam sobre casamento, tendem a ser muito sinceros quanto a suas crenças. Filhos de pais divorciados se casam, mas são um tanto relutantes a respeito. Muitas vezes, as mulheres têm de arrastá-los até o altar. É óbvio, portanto, que se o status conjugal dos pais tem um papel importante na tomada de decisão do homem, esta é uma das primeiras coisas que você deve apurar.

Nada do que estou dizendo equivale a sugerir que, se você encontrar um homem cujos pais sejam divorciados, deve cortá-lo imediatamente da sua lista. Mas essa é, com toda certeza, uma das coisas que você deve ter em mente e não deixar de perguntar quando estiver namorando um homem com quem pretenda se casar. Eu não saberia precisar até que ponto essa questão pode influenciar a decisão de um homem, mas sei que ela pode ser uma pedra no caminho.

O fator socioeconômico

Outro fator que influencia decisivamente as chances de um casal vir a se casar é a combinação de padrões socioeconômicos. Quando dois namorados provêm de meios socioeconômicos iguais ou similares, a probabilidade de se casarem é bem maior do que se vivem em mundos diferentes. Procure namorar homens que se ajustem aos seus amigos e parceiros de negócios. Os opostos *se atraem*, é verdade, mas homens e mulheres de níveis socioeconômicos similares *se casam*.

Tenha em mente, portanto, que a probabilidade de um homem vir a se casar com você é muito maior se o meio socioeconômico de onde ele provém for similar ao seu.

Quando religião e política se misturam

Outros fatores que contribuem para a probabilidade de uma relação terminar em casamento são a crença religiosa e a filiação política. Cada um desses aspectos tem seu valor relativo. Um homem profundamente comprometido com a sua religião dificilmente se casará fora dela, a menos que a mulher se renda às suas convicções em matéria religiosa. O mesmo vale para uma mulher muito religiosa: o noivo talvez precise aceitar a sua fé. Em alguns casos, isso significa a conversão de um à religião do outro. O mais comum dos obstáculos ao casamento é a insistência de um dos parceiros para que os filhos sejam criados na sua própria fé. Portanto, se você está namorando uma pessoa de uma religião diferente da sua e ambos defendem muito firmemente a sua respectiva fé, as chances de vocês se casarem podem estar seriamente comprometidas.

Os casais que entrevistamos à saída dos cartórios confirmaram essas descobertas. Vários homens e mulheres nos disseram que, antes de encontrar seus atuais parceiros, tiveram relacionamentos sérios rompidos por causa de diferenças religiosas. Eu não estou sugerindo que não existem casamentos inter-religiosos: tenho amigos e familiares cujos casamentos inter-religiosos funcionam muito bem. Mas é um fato estatístico que compartilhar uma crença religiosa aumenta a probabilidade de um casal chegar ao matrimônio.

Portanto, se você estiver em situação de escolher entre dois homens que lhe pareçam igualmente desejáveis, sendo um deles da sua religião e o outro não, você estará em melhor situação se namorar aquele que tem crenças religiosas similares às suas. Você tem muito mais chances de se casar com ele do que com o outro.

A importância decisiva dos sistemas de crenças também se manifesta em relação à política. Muitos homens e mulheres não cruzam "linhas políticas" no caminho do altar: pessoas de esquerda costumam se casar com pessoas de esquerda, conservadores com conservadoras, etc. É claro, existem exceções.

No grupo de discussão que formamos para investigar o problema dos alinhamentos políticos no casamento, descobrimos que muitos casais casados eram politicamente separados. É que as divergências políticas só são um fator relevante quando dizem respeito a crenças básicas. Diferenças de opinião em questões capitais como o aborto, a pena de morte e a aplicação de castigos às crianças podem separar o casal.

Portanto, se os seus valores religiosos e políticos mais caros se chocam com os do seu pretendente, a probabilidade de vocês virem a se casar é menor. Pense bem. Pessoas com crenças e valores similares tendem a ter perspectivas de vida parecidas e são geralmente mais compatíveis.

Morando na casa dos pais

Homens que moram na casa dos pais são menos propensos a se casar do que os que moram em suas próprias casas. Mas a importância desse fator não é a mesma para todas as comunidades: onde as circunstâncias tornam difícil às pessoas jovens encontrar um lugar adequado para morar – um bairro caro sem imóveis pequenos para alugar, por exemplo – ele não é tão relevante. Mesmo assim, é fato: um homem que mora sozinho é mais propenso a se casar do que um que mora com os pais. Nós descobrimos também que os homens que foram para a universidade ou trabalharam em outra cidade são mais propensos a se casar do que os que nunca saíram da barra da saia da mamãe.

Seguindo a manada

Outra pergunta importante que a mulher deve fazer ao homem antes de o relacionamento ficar sério é se algum de seus amigos do sexo masculino se casou nos últimos 12 meses. As chances de que ele ponha a aliança nos próximos dois anos é substancialmente mais alta nesse caso. Mais de 60% dos homens que entrevistamos à saída dos cartórios nos garantiram que tinham pelo menos um amigo que se casara recentemente.

Depois de perguntar a homens que encontramos em bares de

solteiros se algum de seus amigos se casara nos 12 meses anteriores e se eles próprios estavam pensando em se casar, descobrimos uma razão para essa correlação. Ver os amigos se casando tinha provocado uma clara mudança no seu modo de pensar. Os que não tinham amigos recém-casados eram três vezes mais propensos a responder que não estavam preparados para casar. Dentre os que haviam experimentado o casamento recente de pelo menos um de seus amigos, a maioria disse que, encontrando a mulher certa, talvez pensasse seriamente em se casar. Não há a menor dúvida de que, em se tratando de casamento, os homens gostam de brincar de siga-o-líder.

Mantendo a coisa em família

O fator siga-o-líder também pode ser observado nas famílias. Homens solteiros com irmãs ou irmãos mais velhos – particularmente no caso de irmãos que ainda moravam em casa e já tinham passado da idade de casar – eram menos propensos a procurar esposa do que os homens cujos irmãos mais velhos eram casados. O mesmo vale para homens que não têm irmãos mais velhos.

Em geral, os homens dizem o que pensam. Se um homem lhe diz que não consegue se ver casado, ou que o casamento não é a sua praia, é melhor você procurar em outro lugar.

Verdades estatísticas sobre o tipo casadouro

- A maioria dos homens nem pensa em se casar antes de atingir a idade do compromisso. Para 80% dos homens de nível superior, a época do compromisso começa aos 23 anos.
- Entre os profissionais liberais – médicos, advogados e afins –, a época mais favorável ao compromisso vai dos 33 aos 36 anos de idade.

- Depois dos 37, 38 anos de idade, as chances de um homem assumir compromisso com uma mulher diminuem. Depois dos 43, diminuem ainda mais.
- Para a maioria dos homens, aproveitar a vida de solteiro é um rito de passagem. Eles nem cogitarão em se casar até estar trabalhando e vivendo como adultos independentes há vários anos.
- Os homens ficam mais propensos a se casar quando deixam de se sentir à vontade no circuito dos solteiros.
- Os homens também têm relógio biológico. Eles querem ser jovens o bastante para ensinar os filhos a pescar, a jogar bola e a gostar das coisas de que os homens gostam.
- Os homens que vêem o casamento como um arranjo financeiro em que as mulheres é que saem ganhando não são propensos a se casar – tampouco são promissores como maridos. Fuja deles... rápido.
- Homens cujos pais se divorciaram quando eles eram jovens geralmente são refratários ao casamento.
- Os homens normalmente se casam com mulheres cuja formação – religiosa, política, moral – e nível socioeconômico são compatíveis com os seus.
- Homens que moram em suas próprias casas e já passaram pela experiência de viver como adultos independentes são mais propensos a se casar.
- Homens que têm amigos e irmãos casados são mais propensos a se casar.
- Um homem de mais de 40 que já foi casado é mais propenso a se casar do que um homem de mais de 40 que nunca foi casado.
- Se você quer facilitar a sua jornada até o altar, saia e namore somente com o tipo casadouro!

2 | A primeira impressão é a que fica

Todo orador quer atrair a atenção da maior quantidade possível de pessoas, e eu não sou exceção. Adoro quando a sala está cheia de gente. Mesmo assim, eu fiquei atônito, alguns anos atrás, de ver gente saindo pelo ladrão numa empresa onde fui dar uma palestra – havia mais gente no corredor do que dentro do auditório.

Comecei perguntando às pessoas da platéia por que elas estavam ali. Uma jovem muito atraente sentada na primeira fila indagou se eu me lembrava de Margie, do escritório de Chicago. Eu expliquei que, como falo para mais de uma centena de platéias todo ano, não me lembrava de Margie. Aí ela perguntou se o empenho em parecer positiva, agradável e de bom astral pode tornar uma mulher mais atraente aos homens. Eu respondi que tinha absoluta certeza de que sim. E ela disse: "Foi o que você disse a Margie, e é por isso que estamos aqui."

Mais tarde eu vim a saber que, depois de ouvir esse conselho, Margie e meia dúzia de outras mulheres solteiras de sua empresa decidiram pôr à prova a minha teoria. Combinaram de se encontrar toda sexta-feira à hora do almoço numa das salas de conferência para praticar a criação de uma impressão positiva. Depois da primeira reunião, elas decidiram que seria interessante continuar praticando em casa durante uma semana antes de se reunirem outra vez. Na sexta-feira seguinte, cada uma simulou um primeiro encontro com três homens diferentes para ser avaliada pelas demais e ouvir sugestões para melhorar.

Reuniram-se uma vez por semana durante seis semanas, até que tiveram de parar. A notícia do que estavam fazendo vazou e um monte de mulheres começou a aparecer – gente demais para que um formato tão pessoal pudesse dar certo.

Essas reuniões se baseavam numa apostila que eu usava para treinar equipes de vendas a causar uma boa primeira impressão.

Nunca é demais enfatizar a importância de causar uma primeira impressão positiva em qualquer pessoa – um cliente ou um parceiro amoroso em potencial. Quando perguntamos a homens comprometidos o que mais os atraíra em suas noivas ao conhecê-las, a maioria disse ter sido a classe, o espírito positivo, a energia, o entusiasmo e alto astral da sua futura esposa. Ouvimos repetidamente respostas como "Ela era alegre", "Ela era cheia de vida" – ou "esfuziante" ou "simpática". "Eu me senti imediatamente atraído por ela", muitos deles nos disseram. Curiosamente, dos 68% dos homens que deram algum tipo de descrição física da mulher com quem estavam prestes a se casar, somente cerca de 20% disseram que suas futuras esposas eram lindas ou sensuais, ao passo que 60% preferiram descrever suas personalidades: foi o que atraiu a maioria deles em primeiro lugar. Mesmo os homens que estavam se casando com mulheres muito bonitas eram mais propensos a enfatizar a personalidade de suas noivas do que a sua beleza física. Em geral, diziam coisas como:

- "Bastou olhar para ela para saber que era o tipo de mulher com quem eu queria viver."
- "Ela era muito educada."
- "Ela era o tipo de pessoa com quem qualquer homem se orgulharia de estar."
- "Ela era superanimada."
- "Ela era uma pessoa cheia de vida."
- "Ela parecia de bem com a vida."

- "Ela era o tipo de mulher que você podia levar a qualquer lugar e se sentir orgulhoso."
- "Quando ela falava, eu me sentia ótimo."
- "Eu não sabia se íamos nos tornar amantes, mas tinha certeza de que íamos ser amigos."
- "Era um prazer estar ao lado dela."
- "Ela era tranqüila" (ou cheia de vida, decente, gentil, articulada, inteligente, divertida...)

Longe de mim subestimar a influência da beleza física; não há dúvida de que ela atrai os homens. Mas, até mesmo no exato momento em que o homem a conhece, é geralmente a personalidade da mulher que a faz parecer especial. As palavras mais usadas pelos homens para descrever suas noivas foram *distinta*, *simpática, afável, gentil, elegante, segura de si, tranqüila* e assim por diante. Ocorre que na maioria dos casos os homens que usavam essas palavras não eram eles próprios tranqüilos, elegantes, distintos nem seguros de si. Tampouco as suas noivas, na realidade. Mas foi assim que, ao conhecê-las, os homens perceberam as mulheres com quem planejavam se casar. É fundamental que a primeira impressão que você cause num homem seja positiva porque ela costuma determinar como ele a verá desse momento em diante.

Melhorando o status

Quer tenham sido criados em bairros pobres e violentos ou em lugares chiques, os homens querem se casar com mulheres que sejam de certa forma superiores a eles. Em sua maioria, esperam que as esposas atendam aos seus ideais de refinamento, decência e elegância. Geralmente são esses os motivos que os fazem se sentir atraídos por elas em primeiro lugar.

Os noivos costumam enaltecer as mulheres com quem vão se

casar. Para muitos, a sua futura esposa é um símbolo de status. A idéia de que só as jovens e bonitas são troféus não tem sentido. Todas as esposas são "troféus". Para espanto das componentes da minha equipe de pesquisa basicamente feminina, a principal mensagem transmitida pelos futuros maridos que entrevistamos foi a de que eles se orgulhavam de suas noivas.

Um ótimo exemplo foram dois noivos que à primeira vista não pareciam ter nada em comum. Eu e uma pesquisadora os encontramos à saída de um cartório na Flórida. Um era filho de um ex-deputado, de família rica de terceira geração e formado em Direito por uma universidade de grande prestígio. O segundo foi criado pela mãe solteira numa cidade do interior, e sua noiva tinha orgulho de contar como ele se transformara de membro de gangue em trabalhador com emprego fixo. A pesquisadora que a entrevistou disse que ela estava radiante ao declarar que o rapaz acabara de ganhar uma promoção na empresa onde trabalhava. Quando o entrevistei, ele se vangloriou de ter passado na prova para trabalhar nos Correios em sua primeira tentativa.

O primeiro homem nos disse que trabalhava para pessoas muito ricas e poderosas, razão pela qual a mulher com quem se casasse teria de ser muito especial. Então explicou, com evidente orgulho, que sua noiva se ajustava perfeitamente a seu mundo porque era a mulher mais completa que já conhecera. Envaidecido com a extraordinária habilidade da mulher no trato com as pessoas, ele enalteceu a graça e a distinção que ela demonstrara ao ajudá-lo, em certa ocasião, a receber dezenas de clientes. Ele custava a crer que ela só tinha 25 anos. Esse homem sofisticado – um verdadeiro sangue-azul – disse saber por experiência própria que as moças das melhores famílias geralmente não atingem tal grau de sofisticação antes dos 30 anos. E fez questão de dizer que ela havia lidado com algumas das pessoas mais ricas do mundo com a graça e o talento de uma grande dama.

Imediatamente, o homem criado no bairro pobre interrompeu: "Eu sei muito bem do que você está falando. Eu também fiquei encantado com a sofisticação da minha garota. Quando fomos a um restaurante, ela pôs o guardanapo no colo e mandou que eu fizesse o mesmo com o meu. Rapaz – ela quase me fez cair da cadeira."

Eu recorri aos exemplos desses dois homens por várias razões. As duas mulheres eram muito atraentes, mas nenhum deles fez menção a esse fato. Esses homens tão diferentes disseram coisas que refletiam os sentimentos de 46% dos homens que entrevistamos à saída dos cartórios. Isso convenceu as pesquisadoras de que os homens não são tão frívolos quanto a maioria das mulheres supõe.

Mas o principal motivo de eu citar esses homens é que ambos – assim como quase a metade dos que estavam dando entrada nos papéis de casamento – disseram ter sabido que suas mulheres tinham qualquer coisa de especial assim que as conheceram. Esses homens, como cerca de metade dos nossos entrevistados, admitiram que a atração sexual fora um fator na escolha da noiva mas garantiram não ter sido o que os levou a tomar sua decisão.

Causando uma boa primeira impressão

Quando você entrar num ambiente, traga uma expressão agradável no rosto, mas não um sorriso escancarado. Por quê? Se você entrar com um sorriso escancarado e ele desaparecer no momento em que começar a falar, a mensagem que estará sendo enviada é a de que você não gosta da pessoa a quem está se dirigindo. Sorrir é importante, mas à maioria das pessoas, especialmente às mulheres, convém abaixar um pouco o tom. A expressão facial que costuma dar o melhor resultado é aquela que você traz quando está *quase* sorrindo. Desse modo, ao abrir um sorriso largo quando vê uma pessoa, ela fica sabendo que você está feliz por encontrá-la.

Um dos segredos para se causar uma boa primeira impressão é compatibilizar as mensagens verbais com as não-verbais. Quando você diz "Encantada em conhecê-lo", convém usar uma expressão facial e um tom de voz satisfeitos. Quase todas as pessoas que pesquisamos nos disseram se sentir atraídas por pessoas que dão a impressão de gostar delas. Na teoria é simples, mas na prática é um pouco mais complicado do que parece.

Cerca de 80% das pessoas que pesquisamos achavam ser capazes de cativar os outros caso se dispusessem a fazê-lo. Mas as pesquisas mostram que, em geral, as pessoas sorriem exageradamente quando pretendem agradar, fazendo com que os outros interpretem seus sorrisos como artificiais. Em vez de causar uma impressão positiva, elas não causam nenhuma impressão ou, o que é pior, causam uma impressão ruim nas pessoas que pretendiam cativar. Nós descobrimos que muitas mulheres costumam se apresentar de um modo exageradamente simpático, coisa que se deve evitar com o máximo cuidado.

Pratique seu charme diante de um espelho grande. Comece tentando parecer uma pessoa de quem todo mundo gosta. Pode levar um tempinho, talvez várias sessões de 10 a 15 minutos, mas quase todas as pessoas que praticam uma postura simpática e de bom astral diante do espelho acabam aumentando consideravelmente o seu índice de magnetismo pessoal.

Segundas impressões

O que eu chamo de "segunda impressão" a maioria das pessoas diria que é a segunda parte da primeira impressão – e com razão. Essa divisão é um tanto artificial, mas nos permite decompor a primeira impressão em elementos passíveis de serem ensinados.

O primeiro elemento de uma primeira impressão é basicamente não-verbal. É a mensagem que você transmite ao entrar num ambiente, antes de abrir a boca. Obviamente, as primeiras impressões nem sempre são não-verbais. Muitas vezes, ao conhecer uma pessoa você lhe dá um aperto de mão e começa a falar imediatamente. Mas é mais fácil aprender os elementos não-verbais da primeira impressão separando-os dos elementos verbais. Foi assim que as mulheres que praticaram os elementos não-verbais delineados no meu manual de treinamento de vendas se fizeram mais atraentes para os homens. Elas se tornaram peritas no envio de sinais capazes de causar uma boa primeira impressão. Na verdade, elas aprenderam a recorrer a esses sinais sempre que lhes convinha, o que lhes permitia cativar não só os homens como quase todas as pessoas que conheciam. Como você pode imaginar, elas descobriram um talento de grande utilidade.

Existem várias técnicas que você pode vir a dominar com relativa facilidade para ajudá-la a causar uma boa segunda impressão: o aperto de mão correto, o olhar amistoso de reconhecimento, movimentos suaves e comedidos, uma voz agradável, habilidades de conversação e capacidade de transmitir simpatia. Eu poderia falar um capítulo inteiro sobre essas técnicas, mas umas poucas instruções simples serão suficientes.

Se você não está segura de seu aperto de mão, pratique-o com amigos homens e mulheres. Quando o seu olhar cruza com o de outra pessoa, uma expressão de *estou-quase-sorrindo* declara a sua simpatia. Ao mesmo tempo que não lhe convém fazer movimentos rápidos e bruscos para não parecer nervosa ou insegura, também não lhe convém uma postura rígida e sem graça. Tente gravar um vídeo de si mesma cumprimentando as pessoas e torne-se a sua própria treinadora de linguagem corporal.

Em seguida, grave-se falando em situações diversas. Procure um professor de oratória se não gostar do que ouve. Se a conversação não é o seu forte, aprenda o máximo que puder sobre um ou dois temas que não sejam polêmicos e atraiam o interesse da maioria das pessoas, como esportes, arte, os últimos livros ou filmes de sucesso, o mercado de capitais. (Evite a religião e a política.) Diga então algumas palavras sobre esses temas. Mostre-se confiante, mas sem pedantismo. Faça observações curtas e deixe "espaços vazios" para que a outra pessoa possa responder. Bons conversadores são bons ouvintes, que gastam pelo menos três vezes mais tempo ouvindo que falando.

Fale para o gravador durante 10 ou 15 minutos todo dia, durante duas ou três semanas, assumindo o papel de uma pessoa simpática e agradável. É importante que você tenha não apenas uma aparência como também um modo de falar simpático e de bom astral. Procure não julgar a sua voz. Você está acostumada a ouvi-la na sua cabeça, e quase sempre ela soa melhor lá dentro do que em qualquer outro lugar. Muitas pessoas ficam desagradavelmente surpresas com o que escutam, ao passo que outras não enxergam defeitos óbvios como uma entonação desagradável.

Peça a opinião dos amigos ou busque a avaliação desinteressada de pessoas estranhas. A boa notícia é que quase todo mundo melhora em poucos meses. Se não perceber melhora, faça aulas de teatro ou coloque-se em situações em que possa se encontrar ao acaso, com pessoas estranhas que a obriguem a interagir de alguma forma – por exemplo, apresente-se como voluntária para ajudar a organizar um evento beneficente.

Infelizmente, para causar uma boa segunda impressão você precisará dominar pelo menos uma habilidade que não é muito fácil de aprender: manter a expressão simpática e agradável. É mais difícil do que parece. Quando você se desconcentra do objetivo de parecer simpática, a tendência é cair nos velhos hábitos e se apresentar com sua antiga personalidade menos comunicativa. A mensagem que a maioria de nós envia não chega a ser uma mensagem: *Eu não estou satisfeito nem insatisfeito. Apenas estou aqui.* Pior, 20% de nós, sem perceber, enviam a mensagem de que se sentem *in*satisfeitos e não estão nem aí para a maior parte das pessoas que conhecem. A principal razão de os homens não gostarem das mulheres ao conhecê-las é elas anunciarem por meios não-verbais não ter gostado deles. Não é a mensagem que a maioria das mulheres quer enviar ou pensa que está enviando, mas é absolutamente comum.

Velhos hábitos são difíceis de romper, e controlar os seus músculos faciais é apenas um hábito a mais. Depois que você tiver aprendido a transmitir uma impressão simpática e de bom astral na frente do espelho, pratique duas ou três vezes por semana durante 15 minutos. Uma vez que consiga manter uma expressão agradável por um período maior, você está apta a passar ao exercício seguinte.

Simule conhecer um homem diante do espelho. O objetivo desse exercício é fazer dessa expressão agradável e positiva uma parte da sua vida. Você pretende que essa expressão se torne a sua cara do dia inteiro – a cara que levará ao supermercado e que terá quando for arrumar a casa, quando for almoçar fora, conversar com um amigo, comparecer a alguma atividade profissional e, é claro, encontrar-se com um homem que está interessada em conhecer. Ela deve se tornar tão natural em você quanto a sua respiração. Você saberá que venceu quando puder conservar essa expressão agradável sem pensar nela – exceto, é claro, nos momentos em que você tiver um bom motivo para não parecer agradável.

Depois do trabalho com o espelho, a melhor maneira de tornar essa expressão positiva uma parte permanente de você é gravar a si própria com uma câmera de vídeo tentando sustentar a aparência e o modo de falar simpático e de bom astral. Depois de 15 ou 20 minutos, retorne o vídeo e veja como se saiu. Não desespere – a maioria das pessoas precisa praticar repetidamente na frente do espelho, usando a câmera de vídeo para testar seu progresso.

É muito mais difícil manter a sua nova expressão agradável diante da câmera e na vida real do que na frente do espelho.

Da mesma forma que com outro exercício, você precisa ter força e paciência. Uma vez que consiga manter a sua nova expressão durante um minuto, pratique dois minutos diante do espelho e depois dois minutos em videoteipe. Continue fazendo isso até conseguir sustentar com facilidade a sua expressão simpática durante 10 minutos.

Não desanime com a primeira imagem de si mesma diante da câmera. Mais de 90% das pessoas que praticaram com a câmera de vídeo obtiveram melhoras que fizeram mudar suas vidas.

Se além de uma aparência e de um modo de falar positivo e simpático você adotar uma postura corporal ereta, mas sem rigidez, as pessoas a acharão mais atraente. Isso não costuma ser muito difícil para as mulheres, que em geral têm melhor postura que os homens. Mesmo assim, descobrimos que monitorar a postura é uma necessidade para se causar uma ótima primeira impressão.

Não se trata de ficar empertigada como um cadete da Escola Militar. A mensagem que essa postura envia não é positiva. Ela diz: *Eu sou rígida e estressada*. Mantenha a cabeça erguida e os ombros para trás. A melhor forma de uma mulher conseguir fazê-lo é colocar um livro na cabeça e uma toalha de prato molhada firmemente torcida em cada ombro. Pratique andar de um lado para o outro mantendo os três equilibrados. Quando conseguir manter o livro e as toalhas no lugar durante 10 minutos – ou, melhor ainda, quando conseguir mantê-los todos em seus lugares sem sequer pensar neles –, passe à etapa seguinte. Sente-se com eles. Use-os enquanto assiste à televisão ou trabalha em sua escrivaninha até conseguir mantê-los no lugar sem esforço.

A postura ereta diz à maioria das pessoas que você é positiva e segura de si, o que por sua vez a torna mais atraente. Os homens gostam das mulheres que gostam de si mesmas.

O charme não tem fronteiras

O envio de sinais verbais e não-verbais positivos não só a torna mais atraente como também pode ajudá-la a se casar. Eu sabia que os exercícios do meu manual de treinamento de vendas fizeram isso por algumas mulheres e acreditava que pudessem funcionar também para as outras. Eu estava certo – e os resultados foram melhores do que eu poderia imaginar. Desde a tarde em que Margie me perguntou sobre o uso de técnicas de vendas no contexto dos relacionamentos sociais, pelo menos 300 mulheres que o tentaram relataram ter dado certo.

Uma vez que você tenha aprendido a causar uma boa primeira impressão num contexto profissional, a técnica pode ser transferida para situações sociais.

O que dizem as suas roupas

É claro que o que você veste é tão importante quanto as mensagens corporais que você envia. Anos atrás, durante as pesquisas que fiz para o livro *Dress for Success* (Vestida para o sucesso), eu testei a mensagem enviada pelas roupas das mulheres e seu impacto sobre as pessoas que elas encontram. Eu supunha que a reação que se poderia esperar num contexto profissional fosse similar à que ocorreria num contexto social, e estava certo. Como vimos nessa ocasião, os homens são muito mais propensos a se aproximar das mulheres que se vestem de maneira a deixá-los à vontade. Eles tendem a se casar com mulheres de posição social semelhante à sua – mas geralmente com aquelas que percebem como "superiores" a eles em situações sociais.

Um perfeito exemplo disso aparece no filme *Uma secretária de futuro*. Melanie Griffith faz o papel de uma secretária de seus 20 e poucos anos, oriunda de uma família de trabalhadores, que conquista um executivo bem-sucedido – representado por Harrison Ford –, filho de uma família de classe média alta. Ele a conhece usando roupas e jóias baratas, um penteado exagerado e uma maquiagem inadequada. Aí o visual dela se transforma. Ela começa a vestir roupas discretas, de aspecto caro, similares às que veste a mulher do patrão, bem mais velha; troca o penteado rebuscado por outro, mais curto, estilo executivo, diminui a maquiagem. Na vida real, ela teria de ter passado mais tempo trabalhando a linguagem corporal e os padrões verbais, mas mesmo assim o efeito é espetacular. O relacionamento entre os dois personagens, que obviamente se tornarão amantes, passa a ser possível.

Todos julgamos as pessoas pela maneira como elas se apresentam. Quando um homem conhece uma mulher, ele reage de uma forma previsível à sua linguagem corporal, expressão facial, padrão de discurso e modo de vestir. Ele foi condicionado pelas outras mulheres que conheceu, pelas imagens de Hollywood e pelo seu próprio costume de fazer julgamentos baseados na aparência. Esses julgamentos muito freqüentemente são inconscientes. Qualquer que seja, porém, a sua fonte, são eles que controlam as suas ações. Se, por um lado, enviar a mensagem apropriada aumenta as suas chances de que o primeiro encontro conduza a um relacionamento, por outro, sinalizar que você é – para usar uma expressão de gerações passadas – uma "moça adequada" é ainda mais importante. Muitos dos homens com quem falamos descreveram suas noivas como "decentes", "de família" ou o que eu chamo de "virgens situacionais".

Mais de 80% dos participantes de um grupo de discussão disseram que suas noivas eram o tipo de mulher que qualquer homem teria orgulho de apresentar aos amigos e à família. Não resta dúvida de que estavam falando da sua virtude. Dava para sabê-lo pelo vocabulário usado por eles para descrever as mulheres com quem *não* se casariam – que pelos seus padrões eram "fáceis", ou coisa pior. Os que tinham a cabeça mais aberta substituíam a virtude sexual pela virtude social. Descreviam as suas noivas como mulheres que podiam levar para conhecer a mãe e apresentar aos seus patrões.

Os perigos de estar vestida para o sexo

Depois de ouvir essas descrições, nós perguntamos aos homens quando foi que eles perceberam que suas noivas eram "boas garotas". Mais de 70% nos disseram ter sido no momento em que as conheceram e quase a metade indicou que foi isso o que mais lhe chamou a atenção. A grande surpresa foi o fato de que, quando solicitados a descrever como eram as suas noivas no momento em que as conheceram, 19% falaram da roupa que elas vestiam. Eu pesquiso roupas há mais de 35 anos, e nunca vi mais de 7% dos entrevistados se lembrarem do que uma pessoa estava vestindo numa reunião de negócios mais de três meses antes. Ao explicar como sabiam que suas noivas eram mulheres virtuosas, muitos dos homens descreveram as roupas que elas usavam. Vejamos alguns de seus comentários:

- "Ela parecia tão decidida a curar pessoas naquele imaculado uniforme branco [de enfermeira] que eu vi logo que ela era o tipo de garota que eu nunca ia poder tratar mal."
- "Parecia uma menininha vestida com roupa de gente grande, muito discreta, mas sexy como o demônio."
- "Ela estava de calça jeans e uma blusa com laços no pescoço e nos punhos que a faziam parecer uma menininha inocente."
- "Sua roupa não era nada provocante. Na verdade, a cobria da cabeça aos pés – mas era sexy."
- "Eu não conseguia tirar os olhos de cima dela com aquele vestido cor-de-rosa."
- "Se você fosse escolher uma roupa para um anjo, aquele vestido seria perfeito."

A maior parte das roupas descritas anunciava aos homens que a mulher era respeitável. Apenas sete dos mais de dois mil homens que entrevistamos disseram que suas noivas usavam uma roupa sexy quando se conheceram.

Portanto, se você pretende ir a uma atividade social em que há chance de encontrar homens promissores, escolha um modelo que seja não apenas atraente como apropriado.

Vestida para toda a vida, não para uma noite só

A maioria de nossos pesquisadores era do sexo feminino, e elas estavam convencidas de que, apesar de os homens dizerem se sentir atraídos por mulheres que não enviavam fortes sinais sexuais, sua experiência lhes ensinava que isso não era verdade. Formamos então um grupo de discussão com mulheres em vias de se casar, e elas mais ou menos concordaram com as nossas pesquisadoras.

Tivemos de realizar dois grupos de discussão também com homens em vias de se casar para convencer essas mulheres de que os homens *têm* um real interesse nas características pessoais das mulheres quando as conhecem. Como nossas pesquisadoras não quiseram acreditar no resultado do primeiro grupo, fomos obrigados a reunir um segundo. Os dois grupos concordaram com as mulheres quanto ao fato de que uma roupa sexy atrai os homens, mas explicaram que consideravam uma roupa sensual um convite para o sexo. E mais, que as mulheres que se vestem assim e não correspondem são provocadoras, e eles não queriam se envolver com elas.

A maioria dos homens em vias de se casar classificava a mulher, no primeiro encontro, como boa para transar ou boa para casar – apesar de a maior parte de suas noivas não ser virgem quando se conheceram. Embora duas das pesquisadoras insistissem no ponto de vista politicamente correto, a maioria reconheceu que o padrão estava bem vivo nas mentes dos homens.

O que torna particularmente útil essa informação é mostrar que os homens geralmente tomam decisões que influenciam a natureza do relacionamento até 10 minutos depois de conhecer uma mulher. Decidem se ela é do tipo que lhes convém para construir um relacionamento sério antes de conhecê-la realmente. Cerca de metade dos homens que pediram suas noivas em casamento disse ter decidido que elas eram especiais logo depois de as terem conhecido. Dos 50% restantes, 23% chegaram à conclusão de que havia uma possibilidade de o relacionamento se tornar sério ainda antes do segundo encontro. Ou seja, 73% dos participantes admitiram que a primeira impressão causada pela mulher com quem estavam se casando provavelmente tomou conta do seu pensamento. O que tudo isso significa é que as primeiras impressões são tanto decisivas quanto duradouras.

Vendo além da aparência

Outra coisa que nossas pesquisadoras acharam difícil de entender foi o fato de um bom número de homens muito atraentes e bem-sucedidos se casar com mulheres que não eram nem atraentes nem bem-sucedidas. Quando começamos a apreciar esse fenômeno, pensávamos que os casais que se casavam eram provavelmente formados por homens e mulheres igualmente atraentes. Pessoas muito atraentes que entrevistamos a respeito nos explicaram que passaram a vida sendo paqueradas por gente muito mais inteligente e talentosa do que elas somente por causa de sua aparência, coisa que achavam idiota. As mulheres eram mais propensas do que os homens a ver sua aparência como uma dádiva da natureza, igual, e sob certos aspectos superior, à inteligência e ao talento. Em geral, os homens tinham uma visão diferente. Sessenta e sete por cento dos homens muito bonitos que entrevistamos consideravam a sua aparência um trunfo menor e disseram às pesquisadoras que, mais do que bonitos, prefeririam ser inteligentes, ricos e talentosos.

Caso pretenda se casar com um homem mais atraente do que você, obedeça a quatro regras para aumentar as suas chances de sucesso:

- Primeiro, você deve se aproximar. Homens muito atraentes raramente dão em cima de mulheres. Basta ficar parados onde estão e as mulheres se aglomerarão à sua volta.
- Segundo, mesmo o homem muito bonito gosta de valorizar a própria mulher. Ao encontrar um, trate-o como trataria um outro homem qualquer, nem melhor nem pior.
- Terceiro, faça com que ele saiba de seus talentos e realizações. Homens muito bonitos comumente se casam com mulheres que possuem as qualidades que lhes faltam – educação, realização profissional, posição social e ambição.
- Quarto, ponha-o sob pressão. Insista para que ele volte à universidade ou procure um emprego melhor, por exemplo. Dê um empurrãozinho nele.

Essa discussão sobre homens bonitos faz parte do capítulo sobre as primeiras impressões porque um de cada quatro homens bonitos entrevistados disse que a mulher com quem ia se casar o fez ver logo no começo do relacionamento que ser bonito não era suficiente, o que contribuiu para torná-la especial a seus olhos. Apesar de impressionados com a simpatia e a autoconfiança de suas mulheres, esses homens as viram como especiais quando elas se mostraram competentes e capazes.

Conhecendo a família dele

Causar uma boa impressão ao homem que você está namorando não é o bastante; quase tão importante é causar uma boa impressão à família dele. Eu entrevistei 62 homens que disseram só ter começado a pensar em se casar com as namoradas quando seus próprios parentes lhes disseram que elas tinham algo de especial. Justin, por exemplo, nos contou que, depois de apresentar Jennifer a suas irmãs num fim de semana, apareceu com outra mulher na semana seguinte. As duas irmãs o levaram para um outro quarto, fizeram-no sentar-se e deram-lhe uma dura por deixar Jennifer escapar. Mesmo tendo conhecido Jennifer apenas rapidamente, as irmãs concluíram que ela era mais inteligente, educada e distinta do que todas as mulheres que Justin namorara juntas. Ele acabou concordando e, conforme nos relatou, passou a sair apenas com Jennifer.

A história de Justin não é incomum. Cinco por cento dos homens em vias de se casar nos disseram que suas famílias os haviam convencido de que as suas futuras esposas eram especiais. Mais de 30% disseram que a opinião positiva da família os havia influenciado. Na maioria dos casos, os membros da família conheceram as mulheres pouquíssimo tempo antes de emitir seus julgamentos. A boa notícia é que agora você já sabe como causar uma excelente primeira impressão.

A má notícia é que 11% das noivas nos disseram já terem tido relacionamentos anteriores que acreditavam destinados ao casamento, não fosse a oposição das famílias dos noivos. Quase a metade dessas mulheres tinha pelo menos alguma idéia do motivo pelo qual a família do homem fez restrição ao seu relacionamento. Dentre as razões apresentadas estavam: religião, criação, educação, etnia, raça, dinheiro, nível social e o clássico "nenhuma mulher é boa o suficiente para o meu filho". Para essas mulheres, não fazia diferença se os motivos da família eram válidos ou produto da ignorância e do preconceito. As remanescentes, no entanto, não faziam a menor idéia dos motivos pelos quais as famílias dos namorados as desaprovaram depois de conhecê-las por apenas algumas horas.

Obviamente, elas não haviam causado uma boa primeira impressão. Depois que tiver praticado os exercícios anteriormente sugeridos, você deverá ter poucos problemas se tiver bem claras algumas regras simples.

Independentemente de onde for acontecer o seu primeiro encontro com a família do namorado, vista-se como se estivesse indo à igreja com a intenção de impressionar o pastor. Seja educada. Seja correta. Se você não sabe como proceder nas apresentações – quem deve ser apresentado a quem – ou o garfo que deve usar, leia antes um livro de etiqueta. Cumprimente primeiro as pessoas mais importantes. Se você for a uma reunião da família dele, um casamento, por exemplo, faça questão de que ele a apresente à família assim que for possível. Insista para que fique com você durante os primeiros cinco minutos de qualquer conversa. Ouça mais e fale menos. Diga ao seu namorado que, a menos que você esteja se saindo muito bem e queira ficar, ele deve tirá-la de qualquer grupo passados não mais de 15 minutos. Limite-se a um ou dois drinques, independentemente do quanto as outras pessoas estejam bebendo. Chegue na hora e saia cedo.

Boa sorte. Faça a sua parte, porque o resto não depende de você!

Mantendo a vantagem estatística de causar uma boa primeira impressão

- Um sorriso contido é melhor do que um sorriso escancarado quando você quer causar uma boa impressão.
- As coisas essenciais para causar uma boa primeira impressão são: uma expressão facial simpática, um aperto de mão cor-

reto, uma postura ereta com movimentos suaves e naturais e uma voz agradável. E quando você disser que tem prazer em conhecer uma pessoa, olhe-a como se tivesse, realmente.

- Uma boa postura diz que você é positiva e confiante. Se conseguir manter uma postura ao mesmo tempo ereta e descontraída, os homens a acharão agradável e atraente.
- A maioria das mulheres que eu orientei fracassou no início do treinamento, mas bastaram algumas horas de prática para elas pegarem o jeito da coisa.
- Uma boa primeira impressão requer o envio de mensagens verbais e não-verbais simpáticas e positivas.
- A primeira impressão causada por uma mulher ao encontrar um homem muitas vezes determina a natureza do relacionamento que se segue.
- O principal motivo de o homem se desinteressar de uma mulher ao conhecê-la é ela, geralmente sem perceber, declarar de maneira não-verbal que não gostou dele. Os homens quase sempre gostam das mulheres que gostam deles.
- Todas as esposas são troféus. Esforce-se para ser uma pessoa que um homem admire e goste de exibir.
- Vestir-se de maneira apropriada ao estilo de vida do homem que quer conquistar envia a mensagem *Eu sou uma esposa em potencial*. Os homens se casam com mulheres que vêem como virgens situacionais, mulheres virtuosas, capazes de transitar com facilidade em seus ambientes sociais.
- Caso pretenda se casar com um homem mais atraente que você, procure um que seja muito, muito bonito. Ele é mais propenso a achar irresistíveis outros atributos que não a beleza física.
- Conquistar o apoio do seu namorado para causar uma boa primeira impressão à família dele aumenta as suas chances de desposá-lo.

3 As mulheres com quem os homens se casam

Quem é o melhor aliado de uma mulher solteira na busca de um parceiro? Por estranho que pareça, são outras mulheres.

A primeira coisa que aprendemos com as mulheres que saíam dos cartórios foi que elas tinham muitas amigas da mesma idade, recém-casadas, noivas ou solteiras com intenção de se casar.

- Quando perguntamos em companhia de quem haviam passado a maior parte do seu tempo durante os últimos cinco anos, a maioria citou os nomes de 5 a 11 mulheres solteiras.
- Noventa e dois por cento das futuras esposas vinham do mesmo meio socioeconômico que a maioria de suas amigas.
- A maioria das entrevistadas na faixa de 20 a 30 e poucos anos de idade tinha um círculo íntimo de três a seis amigas.
- Elas passavam três quartos de seu tempo livre na companhia dessas amigas.
- Elas faziam parte de vários círculos de amizade vagamente estruturados e em geral superpostos.
- Mais de 90% delas tinham de 7 a 14 amigas.
- A grande maioria das solteiras trabalhava com duas ou três mulheres também solteiras com quem se relacionavam socialmente.
- Elas tinham cinco ou seis amigas de vizinhança e de três a seis amigas de longa data, muitas vezes colegas de escola, com quem se relacionavam regularmente.
- A maioria tinha uma ou duas melhores amigas, com idades muito próximas às suas.

A segunda coisa que essas mulheres de 20 a 30 e poucos anos tinham em comum era terem freqüentado lugares de solteiros com as amigas, antes de ficarem noivas, para se encontrarem com homens. Os pontos de encontro variavam de bares a atividades de igreja.

As vantagens dessas associações entre solteiras eram óbvias. Quando davam festas, essas mulheres convidavam os amigos – homens –, e isso lhes permitia conhecer mais homens solteiros do que as moças que tinham menos amigas. Além disso, elas se mobilizavam para se ajudar umas às outras, organizando reuniões e jantares para os quais se convidavam homens elegíveis para serem apresentados às amigas. Algumas mulheres gostam do papel de casamenteiras e o desempenham regularmente. Às vezes funciona: as duas pessoas apresentadas se tornam um casal. Mesmo quando isso não acontece, a mulher se beneficia com a expansão do seu círculo social.

Não estamos falando de conspirações com o propósito exclusivo de encontrar homens. Essas mulheres eram amigas de verdade. Não passavam todo o seu tempo disponível à cata de maridos. As que moravam sozinhas geralmente se revezavam na tarefa de cozinhar umas para as outras. Podiam também sair juntas para jantar, ir ao teatro e fazer compras. Encontramos grupos de mulheres que malhavam na mesma academia e saíam juntas para caminhar ou correr. Como um de seus interesses primordiais era encontrar o Homem Ideal, elas se juntavam e se apoiavam mutuamente na procura de homens solteiros, especialmente em se tratando de amigas íntimas.

Quando comparamos o grupo de mulheres de até 30 e poucos anos com outro, de mulheres de 40 anos ou mais que admitiam não ter perspectivas imediatas de se casar, descobrimos que, neste último, o número de amigas solteiras era muito menor. De início, eu pensei que fosse apenas uma questão de idade; imaginei que a maioria das amigas solteiras havia se casado e que era por isso que cada uma dessas mulheres só tinha duas ou três a quem se associar.

Mas isso, embora fosse um fator, não era toda a verdade. Quando perguntamos às mulheres solteiras na faixa dos 40 anos quantas amigas elas tinham aos 20 e poucos, a resposta era, em média, um número bem menor do que o apresentado pelas mulheres comprometidas. Portanto, a primeira providência que você deve tomar se quiser encontrar um homem para casar é fazer amizade com mulheres.

Amigos homens não ajudam grande coisa

Surpreendentemente, as mulheres que saíam dos cartórios não tinham mais amigos homens do que as mulheres solteiras de 40 anos quando tinham a sua idade. A princípio, isso não parece condizer com o bom senso, porque as mulheres muitas vezes se casam com homens de quem eram amigas, mas estatisticamente esse fator não parece fazer grande diferença.

Depois de conversar com 37 homens solteiros que tinham várias amigas, eu concluí que a razão pela qual essas amizades não aumentam significativamente as chances de a mulher se casar era que os homens quase nunca se mobilizavam para apresentar suas amigas do sexo feminino a outros homens. Os homens simplesmente não agem dessa forma.

O casamento da minha melhor amiga?

Outra característica das mulheres que se casam é que, tal como os homens que estudamos, elas muitas vezes o fazem mais ou menos na mesma época que suas amigas. Parece que, quando meia dúzia de jovens mulheres anda junta e uma ou duas se casam, as outras se casam logo depois. Nós acompanhamos nove grupos de mulheres solteiras depois que uma ou duas de suas integrantes ficaram noivas. Em dois anos, pelo menos metade das outras estava casada ou noiva.

As mulheres deram várias razões para esse fenômeno. A principal é elas imaginarem que estão ficando para trás e começarem a pressionar seus namorados ou a procurar mais seriamente um homem para casar. Quando uma ou duas mulheres de um grupo se casam, as chances de que as outras façam o mesmo dentro de um ano aumentam sensivelmente. Em quatro anos, a maioria das outras mulheres do grupo estará noiva ou casada.

Quando perguntamos a mulheres solteiras do grupo de mais de 40 anos de idade a respeito desse fenômeno, descobrimos que muitas tinham amigas íntimas que se casaram quando elas tinham seus 30 e poucos. Elas nos disseram ter se sentido pressionadas a casar quando as amigas o fizeram, mas não tiveram muitas oportunidades. De repente, descobriram que era muito mais difícil conhecer homens elegíveis sem a ajuda das amigas, agora casadas e com outros interesses.

Quando esse fenômeno atraiu a minha atenção, eu formei vários grupos de discussão com mulheres solteiras na faixa dos 35 anos cujas amigas tinham acabado de se casar. Elas se sentiam numa posição bastante estranha. Várias disseram ter passado, num piscar de olhos, de uma vida social intensa a uma existência bastante solitária. Uma delas disse ter acordado certa manhã e percebido que não era mais bacana nem divertido estar empatada no circuito dos solteiros. As amigas que costumavam convidá-las para festas e lhes arrumar encontros estavam casadas e tinham outros interesses. Pelo menos metade das mulheres que chegaram aos 30 anos tomou a firme decisão de se casar, e cerca de 30% delas realmente se casaram ou ficaram noivas num prazo de três anos. Então, tome nota!

Se você chegar aos 30 anos e quiser se casar, reorganize a sua vida de maneira que encontrar um marido se torne o objetivo principal dos três anos seguintes. Quaisquer que sejam o seu grau de instrução e as suas realizações profissionais, encontrar um marido fica mais difícil pelo fato de você já não freqüentar o circuito dos solteiros.

Não cometa o erro de pensar que ainda existem muitos homens disponíveis só porque você vê homens solteiros na faixa dos 40 dando sopa por aí. Muitas mulheres de mais de 36 anos nos disseram que os homens dessa faixa de idade que elas conheciam estavam namorando e se casando com mulheres de 20. Depois de entrevistar centenas de mulheres solteiras na faixa dos 40:

Se eu tivesse de apontar a idade em que a mulher precisa fazer um esforço extra para encontrar um marido, esta seria os 28 anos. O tempo é seu inimigo.

Optando pela carreira em lugar do casamento

Às vezes se trata de uma decisão consciente. Entrevistamos centenas de mulheres solteiras entre 35 e 50 anos sem perspectivas imediatas de se casar. Cerca de um terço delas disse não ter se casado porque sacrificou a vida social pela carreira profissional. A maioria lamentava ter feito essa escolha – apesar de ter tomado a decisão conscientemente e de, na época, ter aceitado intelectualmente a idéia de talvez nunca vir a se casar.

Gina, uma profissional liberal de uma grande cidade, nos disse que, quando tinha seus 20 e poucos anos, decidiu abrir mão de ter uma vida social e até mesmo de um marido. Achava que poderia se casar mais tarde, mas não se sentia particularmente perturbada por ter de viver sozinha. Gina explicou que não tinha nenhum desejo real de ter filhos, ao contrário de algumas de suas amigas que se casaram. Ela achava que era isso que as levava a se casar e não o fato de estarem loucas para viver com um homem.

Quando conversamos com Gina, ela era uma bem-sucedida

mulher de 44 anos. Disse-nos que não era só; a carreira a mantinha ocupada – trabalhava 12 horas por dia numa boa – e tinha muitos amigos no trabalho. Mas sentia falta de alguém com quem compartilhar seus êxitos e comemorar suas grandes tacadas nos negócios. Agora, ela nos disse com tristeza, não tinha ninguém com quem festejar as suas realizações.

A queixa de Gina não é incomum. A maioria das mulheres de mais de 40 anos que entrevistamos queria se casar por causa da companhia, para poder ter alguém com quem dividir suas vidas. A maioria acreditava estar perdendo alguma coisa por não ter a presença de um homem especial em suas existências.

Não é para todo mundo

Cerca de 70% das profissionais de sucesso solteiras na faixa dos 40 e 50 anos com quem conversamos acreditavam que uma mulher jovem que abre mão de se casar e ter um marido em favor da carreira profissional provavelmente se arrependerá um dia. Cerca de 20% das solteiras bem-sucedidas, porém, estão satisfeitas com suas vidas e não mudariam se tivessem a oportunidade. Cerca de metade dessas mulheres disse se sentir atraída por homens, mas que o casamento não era para elas. Elas gostavam demais da sua independência para passar a dar satisfação a alguém.

O casamento não é para qualquer um. Depois de falar com centenas de mulheres e homens solteiros, eu me convenci de que existem pessoas que não combinam com o casamento e de que essas pessoas em geral decidem, acertadamente, continuar solteiras.

Executivas que sabem aproveitar seu tempo

Mas não é preciso trocar a aliança pelo anel de formatura no corre-corre da vida profissional. A porcentagem de profissionais bem-sucedidas que não se casam é apenas ligeiramente maior do que a porcentagem de mulheres solteiras na população em geral. Ao pesquisar em grandes empresas, descobrimos que a maioria das mulheres bem-sucedidas tinha marido e filhos. E o interessante é que essas mulheres disseram que a diferença entre elas e as mulheres que não se casaram foi apenas de planejamento. Elas trataram de ir atrás de um marido da mesma forma como trataram de ir atrás do sucesso profissional. Quando solteiras, organizavam o seu tempo com o maior cuidado para poder ter vida social. Só ocasionalmente, elas nos disseram, tinham de pôr os compromissos profissionais à frente da vida social, e quando isso acontecia empenhavam-se para compensá-lo.

Duas executivas, por exemplo, que tiveram de abrir mão de um belo fim de semana na praia para comparecer a uma conferência de negócios nos disseram ter feito questão de combinar encontros para quando voltassem. Elas não deixavam a vida profissional controlar a sua vida social – e nem deixavam que a vida social interferisse em seu sucesso profissional.

Nós organizamos vários grupos de discussão para tratar da relação entre carreira e casamento. O primeiro era composto de mulheres solteiras de 40 e poucos anos, o segundo de mulheres casadas na mesma faixa etária, a maioria com filhos, e o terceiro um grupo misto. Todas tinham formação equivalente e carreiras profissionais similares. No essencial, as mulheres solteiras concordaram com as respostas do levantamento. A maioria admitiu não ter lutado para ter uma vida social quando era mais jovem. Elas deixaram a carreira dominar suas vidas quando tinham seus 20, 30 anos, de modo que quando resolveram que queriam se casar foi muito mais difícil encontrar homens disponíveis.

Nós começamos o grupo de discussão das profissionais casadas resumindo para elas as observações das profissionais solteiras. Para lhes dar uma idéia concreta do que discutimos, eu as fiz assistir aos destaques de um videoteipe da sessão em que as mulheres solteiras explicaram que era impossível para elas dar conta das posições profissionais que ocupavam e ainda por cima ter vida social ativa.

Uma delas era advogada. Disse que quando tinha um caso importante – especialmente quando estava envolvida num julgamento – trabalhava 16 horas por dia. Além disso, de dois dias a dois meses antes do caso ir a julgamento, ela quase não tinha tempo para nada.

Outra das mulheres solteiras era engenheira. Ela explicou que a natureza do seu trabalho tornava muito difícil namorar. Quando seu departamento pegava um grande contrato, todos trabalhavam sem parar, inclusive nos fins de semana, até ele acabar. Aí era hora de relaxar: como recompensa, o patrão liberava a equipe para largar depois do almoço durante algumas semanas. Mas folgar depois das duas da tarde de terça-feira, ela observou, não ajudava a melhorar grande coisa a sua vida social.

A reação das mulheres casadas aos comentários das solteiras foi de descrença. Uma advogada casada disse que os fatos narrados pela colega solteira eram corretos, mas que ela não estava sendo totalmente honesta: "Eu adoraria conversar com ela. Trabalho na mesma área. Há momentos em que você está muito ocupada e outros em que não está. Você tem de planejar um pouco." Ela nos disse que, na sua época de solteira, quando tinha tempo ocioso, saía quase toda noite. Duas engenheiras disseram basicamente a mesma coisa. Elas não apenas saíam com engenheiros como iam juntas a bares de solteiros.

Finalmente, uma das mulheres se levantou e fez um pequeno discurso. "Nós somos mulheres de negócios", ela começou. "Vamos tratar dessa questão como trataríamos de um problema no trabalho. A profissional solteira tem dois desafios. Primeiro, ela tem de aprender a administrar seu tempo. Quando não está trabalhando 12 horas por dia, ela não deve gastar seu tempo fazendo compras para completar o guarda-roupa profissional, nem arrumando o apartamento, nem fazendo as unhas ou nenhuma outra coisa que possa pagar a alguém para fazer por ela. Ela deve estar tratando de se encontrar com homens solteiros. Este seria o uso mais eficiente do seu tempo."

E ainda havia um segundo ponto: "Eu tenho certeza de que nós todas concordamos que essa mulher precisa se juntar a outras em situação similar. Se ela sai para almoçar todo dia com as mulheres casadas do escritório, está cometendo um erro. Ela deve almoçar com mulheres solteiras que possam sair depois do expediente."

Várias das participantes concordaram que um dos maiores problemas das profissionais solteiras bem-sucedidas é se ver o tempo todo na companhia de pessoas mais velhas e casadas. Além disso, como a maioria dos solteiros sai nas noites de sexta e sábado, ela deveria organizar sua agenda para, sempre que possível, estar livre nos fins de semana.

Elas também aconselharam as profissionais solteiras a descobrir amigas em situação profissional e econômica similar que topassem fazer os mesmos programas. Uma mulher explicou que suas amigas, ao contrário dela, tinham mais tempo do que dinheiro. Por outro lado, ela podia promover pequenos jantares para encontrar homens, coisa que as outras não podiam fazer. Outra executiva disse ao grupo que costumava chamar as amigas para sair nas noites de sexta, mas elas preferiam ficar em casa fazendo o cabelo e as unhas. Como o seu tempo livre era artigo raro, ela queria aproveitá-lo ao máximo. Não dispensou as antigas amigas, mas arranjou novas – mulheres com carreiras ascendentes como a dela e com necessidades similares. Com esse passo, a sua vida social melhorou espetacularmente. Várias mulheres na sessão concordaram que ter amigas com problemas semelhantes era um dos segredos para se ter ao mesmo tempo uma carreira e uma vida social bem-sucedidas.

A maioria das mulheres bem-sucedidas sugeriu que as solteiras mudassem suas prioridades. Duas mulheres casadas disseram que, quando tinham seus 20 anos e foram trabalhar em lugares onde havia poucos homens elegíveis, às vezes nenhum, elas simplesmente se demitiram e foram procurar outro emprego. Várias mulheres do grupo das casadas observaram que isso nem sempre era viável. A solução final do grupo foi um meio-termo. Elas recomendaram que, quando uma mulher trabalha numa posição em que é praticamente impossível encontrar homens elegíveis, deve pensar na possibilidade de mudar de emprego, mas, se não for possível, deve ajustar sua agenda profissional para aumentar suas chances de encontrar homens. Não basta ir aonde estão os homens, você tem de ir na hora em que eles estão lá.

O interessante é que, apesar de as mulheres falarem o tempo todo na escolha entre o casamento e a carreira, nós só encontramos três que disseram tê-la feito conscientemente. A maioria das que afirmaram que as exigências profissionais atrapalharam a busca de um marido admitiu que havia sacrificado a sua vida social em algum momento do passado. Várias disseram aos nossos pesquisadores ter acordado um dia e percebido que já era tarde demais – elas provavelmente nunca iriam se casar. Muitas lamentaram que a sua juventude parecia estar passando batido, mas não eram a maioria. Mais de 80% das profissionais bem-sucedidas casadas que entrevistamos observaram que, quando solteiras, tinham uma aguda consciência de cada aniversário que chegava. Sabendo que o tempo para encontrar um marido era limitado, elas se empenhavam ao máximo na busca de candidatos.

Quando a maré da empresa não está pra peixe

As mulheres que têm reais problemas com a vida profissional são as que trabalham em ramos de atividade em que há poucos ou nenhum homem elegível. Dentre as entrevistadas solteiras na casa dos 40, descobrimos que uma porcentagem substancial trabalhava em atividades em que era difícil encontrar homens. Falamos, por exemplo, com três mulheres empregadas na indústria da moda que afirmaram haver poucos homens elegíveis nos lugares onde trabalhavam. Os seus colegas do sexo masculino eram, em sua maior parte, casados ou homossexuais. Para essas mulheres, isso era um problema real, para o qual eu não tenho nenhuma solução além de sugerir que procurem uma nova profissão ou se empenhem mais na vida social fora do trabalho. Sim, é mais fácil falar do que fazer. E reconheço que é um problema, mas não insolúvel.

O primeiro grupo de entrevistadas solteiras na casa dos 40 anos era de mulheres da cidade de Boston. Elas se queixavam de que em seus ramos de atividade os homens eram, em sua maior parte, casados ou homossexuais. Quando, várias semanas depois, nos deparamos com a mesma queixa em São Francisco e em seis outras grandes cidades, percebemos que a questão era de fato importante. Trabalhar em indústrias onde havia um grande número de homossexuais era um obstáculo para algumas mulheres, mas para outras viu-se que era mais uma desculpa do que um problema insolúvel. Cerca de metade das mulheres que entrevistamos na saída dos cartórios conhecia poucos ou nenhum homem elegível no trabalho. Elas disseram que compensavam empenhando-se mais fora do expediente.

As mulheres que trabalhavam à noite tinham maior dificuldade para conhecer homens. Aquelas cujos empregos exigiam trabalhar nos fins de semana e em turnos irregulares constituíam uma porcentagem excessivamente alta das mulheres solteiras entrevistadas, e muitas delas pensavam ser esse um dos motivos de nunca terem se casado. Quando trabalhavam de quatro da tarde à meia-noite e saíam em seguida, todos já estavam há horas se divertindo e lhes pareciam chatos e desinteressantes. As que trabalhavam no turno da madrugada disseram que tinham de sair quando a festa estava começando. Quando, porém, comparamos as mulheres solteiras que trabalhavam à noite com casadas que faziam a mesma coisa, descobrimos que, embora fizessem as mesmas queixas, os dois grupos lidavam com o problema de maneira muito diferente. As mulheres casadas iam a festas – mesmo sabendo que não poderiam ficar muito tempo – e procuravam contornar o problema.

Foi para isso que você trabalhou a vida toda?

A descoberta mais surpreendente foi a de que a maior parte das mulheres que deixaram o trabalho matar sua vida social não construiu carreiras nem modestamente bem-sucedidas. Muitas vezes eram mulheres em empregos sem nenhum futuro. Uma delas era encarregada de uma escola particular de uma pequena cidade de Connecticut, onde não havia homem disponível durante nove meses por ano. Para piorar, nos outros três meses ela trabalhava num acampamento para meninas nas florestas do Maine. Não tinha nenhuma vida social. Acredite ou não, a história dela não era incomum. Sua queixa de que a vida lhe pusera uma armadilha era muito parecida com as que povoavam dezenas de outras histórias femininas.

Sara era uma mulher jovem que trabalhava como digitadora numa firma de recursos humanos. Ela acordava, se vestia, ia a pé para o escritório, sentava-se diante do computador na última sala e cumpria suas oito horas de trabalho. As três outras mulheres que havia no escritório tinham todas mais de 60 anos. Ela nos disse que vinham homens até a recepção, mas ela nunca cruzava com eles. Contratada pelo serviço de digitação ainda no ensino médio, ela ficou 11 anos nesse emprego, o que limitou não apenas o número de homens que conheceu como também o número de mulheres solteiras com quem se relacionava.

Eu recomendo – com a concordância unânime das minhas pesquisadoras:

Uma mulher não deve trabalhar num emprego no qual não conhece nem faz amizade com homens e mulheres da sua idade.

Ficando numa tal posição, ela estará reduzindo sensivelmente as suas chances de se casar. Ironicamente, a maioria das nossas entrevistadas que tinham esse tipo de emprego não se preocupava muito com o serviço. Quando lhes perguntamos por que haviam permanecido nele até os 40 anos de idade, a maioria deu uma de duas respostas: ou não sabiam dizer ou já estavam acostumadas com o serviço e não gostavam de mudança. Estavam no que as pesquisadoras chamaram de "trilha da solteirice".

Se você está na trilha da solteirice, não espere nem até a semana que vem. Saia do emprego esta semana mesmo. Não pare para pensar, saia. Esta é a pior de todas as situações.

Onde estão os rapazes

As pesquisas mostram que as mulheres que correm atrás da companhia de homens solteiros têm mais chances de se casar do que as que não o fazem. As mulheres que entrevistamos à saída dos cartórios disseram que antes de encontrar o Homem Ideal davam um jeito para estar sempre perto de homens solteiros. Mais de 40% procuraram empregos onde pudessem encontrá-los. Essas mulheres eram mais propensas do que as que não se casaram a tirar férias onde pudessem conhecer homens solteiros, a entrar para clubes que tivessem solteiros entre seus associados e a ir a lugares onde os solteiros se reuniam.

Essas mulheres pró-ativas sabiam que encontrar o cara certo não era uma questão de atrair milhares de homens, e sim apenas um. Era claro para essas mulheres que se tratava de uma espécie de loteria.

Namorar o homem errado, acredite ou não, ajuda. As mulheres que encontramos em vias de se casar namoravam com mais freqüência do que aquelas que não se casaram e também eram mais propensas a sair com homens com quem nunca pensariam em se casar.

Nós partimos da suposição de que as mulheres solteiras que diziam se esforçar para encontrar homens elegíveis estavam dizendo a pura verdade. Não víamos nenhuma razão para estarem mentindo. Mas as jovens noivas que entrevistamos discordaram. Depois que as mulheres que saíam dos cartórios contestaram a nossa conclusão de que as solteiras haviam sido fiéis no relato de suas experiências, decidimos entrevistar grupos de mulheres da cidade de Nova York. As futuras esposas afirmaram que não apenas a maioria das mulheres só se empenhava para se encontrar com homens solteiros da boca para fora como para muitas delas isso não era nem prioridade. Sugeriram que muitas das mulheres que entrevistamos estavam descrevendo o mundo não como ele era, mas como gostariam que fosse.

Para provar o quão equivocados estávamos, duas delas aceitaram nos acompanhar em novas entrevistas com grupos de mulheres solteiras. Uma das primeiras foi com um grupo de mulheres do Museu Metropolitano de Nova York. Elas disseram que um dos motivos de estarem ali era o museu ser um bom lugar para encontrar um homem bacana. Mas, ao serem questionadas pelas duas mulheres que nos acompanhavam, elas admitiram que homens solteiros não freqüentam museus. As cinco mulheres disseram saber que os homens freqüentam bares que passam esportes pela televisão, mas três delas garantiram nunca ter ido a um. Eu não estou sugerindo que as mulheres devem ir a tais bares toda vez que houver um bom jogo. Tanto as futuras esposas que nos acompanhavam quanto as mulheres que estavam sendo entrevistadas concordaram, porém, que se você quer conhecer homens deve escolher um lugar aonde os homens realmente vão.

As mulheres que se casam fazem um esforço especial para buscar a companhia de homens elegíveis. Aparentemente, a maioria das mulheres se esforça em alguma medida para conhecer homens, mas não há dúvida de que as que se casam são mais persistentes e realistas do que as que não se casam. Quando pedimos a mulheres comprometidas e mulheres solteiras (sem perspectivas imediatas de casamento) para descrever onde e com que freqüência buscavam a companhia de homens quando tinham seus 20 e poucos anos de idade, vimos duas diferenças principais:

- As mulheres em vias de se casar participavam de atividades masculinas em que não tinham nenhum interesse real com freqüência três vezes maior que as mulheres que permaneceram solteiras.
- As mulheres em vias de se casar foram duas vezes mais propensas a fazer grandes sacrifícios em seu estilo de vida – inclusive mudando de emprego e de local de residência – para poder conhecer homens elegíveis.

Meninas, divirtam-se!

As mulheres que se casam se divertem mais quando solteiras do que as que não se casam. Saem com rapazes com mais freqüência, vão a mais festas e têm mais namorados. E não é porque sejam mais populares – nós levamos em conta a popularidade pessoal na nossa pesquisa. A diferença pode ser mais bem apreciada pela maneira como elas respondiam à pergunta sobre o barco de cruzeiro. A mulher que dizia já ter estado num barco de cruzeiro era solicitada a descrever da maneira mais exata possível como gastava o seu tempo.

Quando eu tinha uns 25 anos, trabalhei como barman num barco desses. E percebi que, na primeira noite, muitas jovens permaneciam em suas cabines fazendo o cabelo, cuidando da roupa e assim por diante. Geralmente eram as mesmas que não desciam à terra de tarde para ficar se preparando para o baile ou outra atividade noturna. Outras jovens iam a todos os lugares e faziam de tudo. Os rapazes da tripulação se referiam aos dois grupos como a "turma da saideira" e a "turma da penteadeira". A turma da saideira topava qualquer parada, ao passo que a turma da penteadeira passava o dia se produzindo. Nós, como a maioria dos homens, gostávamos da turma da saideira, aparentemente porque eram mulheres muito mais propensas a se casar.

Deixando a pose de princesa

Mulheres que têm expectativas exageradas costumam não se casar. As expectativas descabidas a respeito dos homens e do casamento provêm de três fontes. A primeira é a que chamamos de "Papai é médico, advogado ou chefe de tribo". O estilo de vida de algumas moças se baseia na renda do pai, coisa difícil de abrir mão por um rapaz que não tenha o mesmo padrão. As chances de uma moça que pensa dessa forma permanecer solteira são muito grandes. Mas pelo menos ela está fazendo uma opção consciente pelo estilo de vida que lhe convém. O problema é que os objetivos irrealistas de muitas mulheres não têm relação com a manutenção de seu padrão de vida e sim com a esperança de concretizar um sonho.

Nós nos deparamos com o primeiro e mais óbvio exemplo de pessoas que trocam a realidade pelo sonho ao entrevistarmos mulheres solteiras na casa dos 40 e 50 anos que trabalhavam num grande hospital metropolitano e moravam numa residência de enfermeiras que chamavam de "Solar da Menopausa". (E sei que as mulheres que entrevistamos não eram nada fora do comum porque Maureen, minha esposa, foi enfermeira, e quando jovem ela e suas amigas também se referiam à residência da enfermagem como "Solar da Menopausa".)

Enfermeiras conhecem muitos homens, solteiros e casados. Têm muitos contatos e amizades, e estou certo de que uma alta porcentagem delas se casa. Muitas das que ficaram solteiras trabalharam com médicos e enfiaram na cabeça que *só* queriam se casar com um. Várias fizeram questão de que soubéssemos que se casariam caso encontrassem médicos de quem gostassem. Essa observação foi feita por quatro ou cinco enfermeiras na faixa dos 50 anos que estavam à espera de que suas expectativas nada realistas se concretizassem.

Se nenhuma dessas mulheres tinha arranjado um médico antes dos 45 anos de idade, a chance de que alguma delas viesse a se casar com um era igual à de acertar na loteria. Nós nos deparamos com essa mesma atitude irrealista ao entrevistar, em Washington, secretárias solteiras que diziam estar à espera de um deputado ou senador.

Se você trabalha para, ou perto de, homens ricos e/ou poderosos e acha que tem de se casar com um deles, está prestes a se tornar a pior inimiga de si mesma. Pense melhor e olhe a realidade – que espécie de marido dá um homem assim? Será que as exigências do trabalho dele (além da tentação de ter bandos de mulheres ao seu redor) são propícias a um casamento feliz?

Respire fundo e comece a sair com homens com quem você tenha chances reais de se casar e que possam ser bons maridos.

Quando a família e os amigos dizem não

O excesso de expectativas pode tornar uma mulher a pior inimiga de si mesma. Mas, na maior parte dos casos, as expectativas descabidas lhe são impostas por outras pessoas. Muitas mulheres têm pais ou amigos que crêem que elas só devem se casar com homens que tenham alcançado um certo nível de sucesso. Essas pessoas são tão importantes na vida da mulher que ela lhes pede para opinar a respeito de todos os homens que namora. Ela leva o cara em casa para ser aceito ou rejeitado por papai e mamãe ou sai com ele para um programa e o apresenta às amigas que vivem dizendo para ela só se casar com um milionário. Esses conselheiros quase que invariavelmente dizem que o sujeito não está com nada, o que deixa a moça, se ela aceita a opinião deles, sem ninguém com quem se casar.

Isso é muito comum. Quando entrevistamos as pessoas das relações dessas mulheres que davam opiniões assim, descobrimos que, em muitos casos, elas não estavam nem aí para as implicações da sua ingerência. Algumas delas, particularmente mães, ficavam surpresas quando lhes dizíamos que estavam limitando as opções de suas filhas em relação aos homens. Mais de uma ficou chateada e algumas se sentiram até insultadas quando mencionamos essa possibilidade. Mas é um fato.

Dentre as mulheres solteiras na casa dos 40 e 50 anos, encontramos várias que tinham tido chances de se casar mas acabaram rejeitando o homem porque pessoas de suas relações não os aceitaram. A maioria das mulheres de 50 se arrependia de ter permitido que outras pessoas governassem sua vida. Algumas o disseram com uma grande amargura, embora no íntimo soubessem que a decisão fora sua. A ironia é que as pessoas que deram tais opiniões na maioria dos casos se casaram com gente que teriam rejeitado para a filha ou amiga.

Toda mulher precisa ter padrões e não deve se casar com alguém que não as atenda minimamente – mas os padrões devem ser seus e estar baseados na realidade. Ninguém, não importa quão bem-intencionado, pode decidir com quem você deve se casar. Depois de entrevistar centenas de mulheres, eu também me convenci de que os padrões não devem ser levados a ferro e fogo.

Janet quase atrapalhou um ótimo relacionamento por submetê-lo a uma prova de fogo. Advogada muito bem-sucedida, ela nos disse, no grupo de discussão de que participou, ter decidido no passado que nunca se casaria com um homem que não tivesse nível universitário. De maneira que quando Henry, um cara que conhecia do colégio, lhe telefonou, Janet pediu à sua colega de apartamento para dizer que não estava. Mas Henry não era de desistir facilmente; telefonava pelo menos uma vez por ano. Quando conseguia pegá-la em casa, ela sempre recusava, educadamente mas com firmeza. Ele deve ter entendido a mensagem: ela não estava interessada em vê-lo.

Aí Janet contou como a sorte lhe sorriu. Um dia, antes que ela desligasse, Henry gritou: "Espere, eu não vou convidá-la para sair. Eu já desisti de sair com você. É que estou sendo processado. Preciso de uma advogada, e você é a única que eu conheço e confio." Depois de fazê-lo jurar que seu interesse era puramente profissional, ela concordou em encontrá-lo para discutir o caso.

Ao se formar, Janet enfiara na cabeça que quem não entrasse para a universidade era um idiota. Ela jurou que nunca se casaria com um cara como Henry, um daqueles palermas que nunca estudavam. Mas, depois de terminar o ensino médio, ele começou a trabalhar como vendedor de automóveis e em cinco anos abriu a sua própria revendedora. Quinze anos mais tarde, como Janet teve a surpresa de descobrir, quando ele veio vê-la para tratar da causa, já era proprietário de várias lojas, um edifício de apartamentos e vários edifícios de escritórios. Era o mais rico e bem-sucedido vendedor de automóveis do estado, e poderia ter comprado e vendido a firma de Janet várias vezes.

Afinal, a causa, de alguns milhões de dólares, não era tão ameaçadora quanto ele temia. Janet assegurou-lhe que a seguradora o defenderia. E descobriu também que a companhia dele a agradava. Eles começaram a sair, e uma coisa foi levando a outra. Quando ele lhe propôs casamento alguns meses depois, ela disse que sim e explicou por que não quis sair com ele no passado. "Ora, se isso é tudo o que você deseja", ele replicou, "eu tiro o diploma nas horas vagas." Ele já fizera todos os cursos de administração necessários para se formar e assistira quase à metade das aulas de que precisava para fazer um mestrado em administração. Se isso a faria feliz, disse Henry, ele começaria no semestre seguinte. Janet disse que não precisava.

Homens de verdade se sentem atraídos por mulheres de talento

Os homens que saíam dos cartórios alardeavam os talentos e realizações das suas futuras esposas. Quando discuti essa descoberta com meus pesquisadores, a maioria mulheres de sólida formação, percebi que elas acharam difícil de acreditar. Disseram ter aprendido com a experiência que os homens se sentiam intimidados com o talento das mulheres. Não chegavam a achar que os homens com quem havíamos falado tinham mentido, mas continuavam céticas. Uma das pesquisadoras sugeriu que falássemos novamente com os homens que fizeram tais afirmações.

A primeira coisa que percebemos foi que os noivos que se vangloriavam das realizações de suas mulheres eram geralmente típicos machões cheios de si. Vários deles tinham bons motivos para isso: dois haviam fundado firmas bem-sucedidas, outro era um advogado de sucesso e havia um que, aos 42 anos de idade, se tornara vice-presidente de uma grande companhia. Mas o curioso é que um terço deles exibia essa autoconfiança sem nenhuma razão aparente. Várias pesquisadoras disseram poder apostar que todos tinham egos enormes, mas admitiam não ser capazes de dizer quais deles reagiriam daquela forma. A única coisa em que as pesquisadoras estiveram de acordo foi que, quando a mulher conhece um homem que tem orgulho de suas realizações, ela precisa se orgulhar das suas também.

Morando em sua própria casa

As mulheres costumam ver os homens que moram com os pais como filhinhos de mamãe ou no mínimo como menos maduros do que os que moram sozinhos. Há um grau de verdade nisso, mas:

Morar em sua própria casa é mais importante para a mulher do que para o homem.

Isso não significa que ela tem de ter um apartamento próprio; pode dividi-lo com outra mulher solteira. As mulheres costumam fazer isso, o que é bom tanto em termos de segurança como de sociabilidade (para não falar de economia). Quanto mais amigas você tiver, como anteriormente observado, maiores as suas chances de se encontrar com homens elegíveis.

Mulheres que moram com os pais, por motivos que eu apenas posso supor, têm muito menos chances de se casar do que as que moram em sua própria casa. Talvez seja porque os pais fazem restrição às coisas que elas gostam de fazer aos 20 anos – viajar nos fins de semana, passar a noite fora, ficar em festas até as quatro da madrugada. Isto provavelmente diminui as suas chances de ter intimidade com homens e interfere de outras formas no desenvolvimento de seus relacionamentos. Eu não estou seguro de qual seja a razão, mas é uma verdade estatística que, se você mora com seus pais, tem menos probabilidade de se casar do que se mora na sua própria casa.

Tamanho é documento

Mulheres magras têm mais chances de se casar. O excesso de peso reduz sensivelmente as chances da mulher atrair os homens. Ainda que seja duro de aceitar, esse é um fato estatístico. Naturalmente que muitas mulheres gordas se casam. Nós encontramos dezenas delas. Mas, ao conversar com mulheres na casa dos 20 e 30 anos de idade, descobrimos que as gordas saíam menos, namoravam menos, faziam sexo com menos freqüência e tinham menos chances de se casar do que as esbeltas. Eu hesitei em mencionar isso porque toda hora leio e ouço falar de mulheres que fazem dieta a ponto de ficarem doentes e até morrer. Há poucos anos, a indústria da moda lançou o "estilo campo de concentração". As modelos dos anúncios, que as jovens sempre tentam imitar, tinham cara de fome e doença. Os homens não sentem atração por doença.

Se você está acima do peso, eu sugiro que converse com seu médico a respeito de uma dieta e um programa de exercícios.

A questão do peso é uma dura realidade quando se trata de quem tem mais chance de casar, mas é uma realidade, e eu me sinto na obrigação de informá-la.

Aparência pessoal

Mulheres que dão atenção à aparência pessoal são mais propensas a atrair os homens do que as que não dão. Nós descobrimos que havia uma sensível diferença entre as mulheres que se casaram e as que não se casaram na forma como cuidavam de si mesmas. Constitui um fato estatístico que as mulheres que se casam são mais propensas a passar horas num salão fazendo o cabelo e as unhas do que as que não se casam. Uma das razões é que não existe um elemento particular na aparência que tenda a atrair os homens mais do que os outros. Eu não posso prová-lo, porque o encanto da mulher é uma questão de opinião pessoal, mas estou firmemente convencido de que, se uma mulher razoavelmente atraente se empenha de verdade em ficar mais bonita, passa a ter mais chances de atrair os homens do que uma mulher que é ligeiramente mais bonita mas não se empenha em melhorar a sua aparência. A maioria das pesquisadoras concordou.

O melhor afrodisíaco: ame a si mesma

Nós descobrimos que mulheres que têm muita auto-estima não amam homens que não as amam. As mulheres autoconfiantes eram muito mais bem-sucedidas com os homens do que as que admitiam continuar amando homens que não as amavam. Mulheres loucas por homens que obviamente não se interessavam por elas eram, na maioria dos casos, tratadas de maneira indigna.

O interessante é que essas mulheres solteiras muitas vezes falavam apaixonadamente dos homens que as deixaram, ao passo que as casadas ou comprometidas costumavam se referir aos homens que romperam com elas como "inúteis". Era comum as solteiras colocarem os homens que não corresponderam aos seus sentimentos no centro do universo. Mais de uma expressou tristeza por não ter correspondido às expectativas de seus adorados. As casadas e comprometidas eram, na maioria dos casos, o centro de seus próprios universos e não se julgavam pelos padrões dos homens que as rejeitaram. Eram elas que julgavam os homens pelos seus padrões. Os homens que as faziam felizes eram o máximo, os que não faziam eram uns inúteis.

Portanto, se você está empatada com um homem que não retribui os seus sentimentos, solte as amarras e se mande. Faça o que for preciso para elevar a sua auto-estima e melhorar a sua vida. E concentre-se em sair com homens que estejam verdadeiramente interessados em você.

Saia somente com homens elegíveis

Outra maneira de aumentar as suas chances de se casar é não sair com homens casados. Sair com homens casados não é inteligente. Se você sai com um homem que vive com a mulher, as chances de ele vir a deixá-la são pequenas. Se ele não a deixou até três meses depois de conhecer você, a probabilidade cai a quase zero. Nós encontramos pelo menos uma dúzia de mulheres que passaram anos de sua juventude saindo com homens casados que estavam sempre "em vias" de se separar. Esses casados enganadores são um outro tipo de embromador – os embromadores múltiplos. Eles embromam as esposas e as amantes. E nunca cumprem o que prometem.

Uma outra *grande* razão para não sair com um homem casado é: se ele se casa com você depois de trair a esposa, é muito provável que venha a trair você também.

As pesquisadoras que entrevistaram essas pessoas se dividiram entre duas opiniões. O primeiro grupo achava que as mulheres que saíam com homens casados e empacavam tinham o que mereciam. Como estavam fazendo uma coisa eticamente errada, não podiam esperar ser recompensadas por sua ação.

O outro grupo dizia que essas mulheres eram umas grandes idiotas. As pesquisadoras entrevistaram mulheres que tinham sido "a outra" durante a maior parte de sua vida adulta. Uma vez no papel da "outra", sua vida social acabava. A mulher não saía mais com ninguém; tampouco tinha um relacionamento normal com seu amante casado; passava a maior parte do tempo se escondendo. Cerca de metade dessas mulheres, sob pressão de homens que não abriam mão de suas esposas, abria mão de seus amigos. Elas consentiam em esperar sentadas pelos poucos minutos que o homem casado se dispunha a lhes dar. Mulheres que saem com homens casados geralmente têm vidas pobres e tristes, o que quase que invariavelmente as torna infelizes.

Estimulada por um grupo de discussão a descrever sua vida tal como realmente era, uma mulher pegou o telefone celular e terminou com um homem casado quem vinha saindo há dois anos. Várias outras que se ofereceram como voluntárias para responder perguntas sobre suas vidas amorosas acharam-no tão doloroso que interromperam a entrevista aos prantos. Somente 16 mulheres que saíam com homens casados conversaram conosco, mesmo depois de nos comprometermos a assinar termos de confidencialidade. Nenhuma disse estar satisfeita com a sua vida.

Pode parecer óbvio, mas...

Não saia com homossexuais. Encontramos várias mulheres solteiras na casa dos 40 que tinham amigos homossexuais que funcionavam como acompanhantes quando solicitados. Era muito conveniente, e as ajudava nas fases em que passavam muito tempo sem sair com ninguém. Várias delas disseram que se não tivessem amigos homossexuais em quem se apoiar teriam sido obrigadas a buscar a companhia de homens elegíveis. Olhando para trás, elas lamentavam que tivessem feito a opção errada. Muitas admitiram que sair com homossexuais quando se tem mais de 40 anos é uma admissão tácita de que não se está correndo atrás.

Dê uma segunda chance

Uma das coisas mais intrigantes que descobrimos ao entrevistar noivas à saída dos cartórios é que cerca de 20% delas não gostaram de seus futuros maridos quando os viram pela primeira vez. Algumas os conheceram no colégio: eram motoqueiros, *nerds* ou palermas com quem elas sequer pensariam em sair. O grande problema era elas acharem que aos 26, 29 ou 30 anos eles ainda seriam as mesmas pessoas.

Noivas de um segundo grupo nos disseram que não suportaram seus futuros maridos quando os conheceram. Outras nos disseram que, depois de um ou dois encontros, chegaram à conclusão de que eles não serviam e lhes deram o fora. O que os tornou diferentes foi a sua insistência. Ligavam de seis em seis meses para saber como iam as coisas, e a mulher – ou porque já fazia tempo que não saía com ninguém ou porque estava cansada de dizer não – cedeu. Essas mulheres descobriram que a segunda vez era melhor do que a primeira.

Uma linha tênue distinguia a insistência desses homens do assédio. Quando perguntei a essas mulheres se chegaram a recear que tais pretendentes as estivessem assediando, elas disseram que não. Falaram que era bom tê-los por perto, mas não como amantes. Mas depois elas deixaram de gostar deles de uma maneira e passaram a gostar de outra.

Nossas pesquisadoras ficaram pasmas com a porcentagem de mulheres que não gostaram dos homens com quem iriam se casar quando os conheceram. Ficaram também surpresas com a freqüência com que tais relacionamentos acabavam dando certo. Algumas pesquisadoras tinham homens assim em suas vidas e os ignoravam. Várias haviam saído com homens que ligavam ano após ano e simplesmente não se contentavam com um não como resposta. Depois de rever as entrevistas, algumas pesquisadoras resolveram sair com caras que haviam recusado várias vezes.

Essa tática funcionou com pelo menos uma. Chamas que não acenderam no passado podem fazê-lo no presente. Não tenha receio de dar uma segunda oportunidade – isso pode aumentar as suas chances de se casar.

Vários homens e mulheres nos disseram que o amor pode acontecer na segunda e até na terceira tentativa. Aconteceu para uma a cada nove mulheres que saíam dos cartórios.

As mulheres com quem os homens se casam

- Mulheres que têm muitas amigas têm mais chance de se casar do que as que têm muitos amigos.
- Muitas mulheres solteiras de mais de 40 anos que optam

quando jovens por sacrificar a vida social em benefício da carreira se arrependem dessa opção mais tarde.

- O segredo para se chegar ao sucesso profissional *e* ao casamento é a administração do tempo.
- Quanto maior o número de mulheres e homens solteiros com quem você trabalha, maiores as suas chances de se casar.
- Mulheres que têm expectativas pouco realistas freqüentemente não se casam.
- Homens autoconfiantes se sentem atraídos por mulheres realizadas, seguras e talentosas.
- Mulheres que perdem tempo com embromadores sabotam as suas próprias chances de se casar.
- Homens e mulheres que moram em suas próprias casas têm mais chances de se casar.
- Ser magra atrai mais homens, portanto aumenta as suas chances de se casar.
- As mulheres que se empenham em ficar mais bonitas têm mais chances de se casar do que as que não se empenham.
- É melhor ser da "turma da saideira" do que da "turma da penteadeira" – faça um regime fácil e rápido de beleza e vá à luta.
- Mulheres que saem pela segunda ou terceira vez com homens de quem não gostaram de cara muitas vezes acabam se casando com eles.
- Mulheres que se empenham em procurar a companhia de homens solteiros têm mais chances de se casar do que as que não se empenham.
- Mulheres que têm vida social ativa têm mais chances de se casar do que as que não têm.

4 *Os estágios do relacionamento*

Depois de entrevistar 410 homens e 376 mulheres, nossa equipe chegou à conclusão de que, embora não exista um sistema passo a passo a ser seguido pelos casais que pretendem ser bem-sucedidos, a maioria dos relacionamentos passa por estágios claramente identificáveis.

O primeiro estágio: correspondendo às expectativas

Quando um homem convida uma mulher para sair, geralmente é porque acha que ela é seu tipo – por exemplo, nem dona da verdade nem sofisticada demais. Se depois de um ou dois encontros ele descobre que ela é metida a besta, provavelmente não telefonará mais. Os homens se acreditam capazes de julgar a maioria das mulheres em cinco minutos pela sua aparência e modo de falar. A pesquisa mostrou que isso não é verdade: freqüentemente, eles erravam mais do que acertavam. Se as mulheres entendessem isso, talvez evitassem se magoar com tanta facilidade quando o homem não telefona. Na maioria dos casos isso significa apenas a admissão tácita de que ele se enganou. Ele pensava que a mulher tivesse um certo modo de pensar e agir e ela pensa e age de maneira diferente.

O segundo estágio: se conhecendo melhor

Descobrimos sete diferenças significativas entre as mulheres que eram convidadas para um segundo, terceiro e quarto encontros e as que não eram:

- As mulheres convidadas para novos encontros eram as que saíam muito na época da escola.
- Essas mulheres têm com amigos homens ou irmãos. Elas compreendem melhor os homens do que as mulheres que não são convidadas para sair novamente.
- As mulheres que saíam muitas vezes estavam menos preocupadas em impressionar seus parceiros do que em se divertir. Então, eram companhias mais agradáveis.
- Essas mulheres quase nunca faziam sexo no primeiro encontro.
- Elas em geral concordavam com as propostas dos homens, mas quando discordavam de algo expunham claramente as suas objeções. Dezenas e dezenas de mulheres nos disseram que seus noivos vieram com muita sede ao pote no primeiro encontro e elas os rechaçaram em termos que não deixavam margem a dúvida.
- Essas mulheres eram simpáticas e positivas.
- Elas eram boas ouvintes. Ouviam o que diziam os seus parceiros e mostravam interesse e preocupação com o seu bem-estar. Poucas coisas são tão importantes.

Atos de carinho

Um futuro marido após o outro nos disse ter começado a ver sua noiva como uma pessoa que devia ser levada a sério quando, logo no início do relacionamento, ela demonstrou preocupação com a sua saúde, a sua carreira e o seu futuro. Esta preocupação se manifestava de várias formas. Vários homens disseram que, quando apareciam com algum tipo de problema físico – uma gripe, um resfriado, um tornozelo torcido –, as suas futuras esposas sempre arranjavam uma forma, geralmente muito simples, de cuidar deles, com aspirina, comprimidos, ou fazendo com que se deitassem até se sentirem melhor.

Dave nos disse que quando conheceu Annie, sua futura noiva, na casa de um amigo comum, ela lhe perguntou se estava se sentindo bem. Ele lhe garantiu várias vezes que estava tudo bem, mas ela pôs a mão em sua testa e disse: "Você devia estar na cama." Diante do sorriso malicioso de Dave, Annie emendou: "Seu imbecil, você está ardendo em febre." Depois de um breve diálogo, ela disse que o levaria para casa. Dave só concordou porque estava a fim de lhe passar uma cantada, mas não colou. Annie o levou para a casa dos pais e lhes disse que ele estava com febre e que era melhor colocá-lo na cama. Acrescentou que, por ter um irmão igualmente imbecil, sabia que Dave provavelmente sairia de novo depois que ela fosse embora e pegaria uma pneumonia. Os pais e as duas irmãs de Dave lhe agradeceram e ela se foi.

Dessa noite em diante, as irmãs de Dave não pararam de falar do seu encontro com "aquela garota Annie". Quando ele disse que não se lembrava do sobrenome nem do telefone dela, uma das irmãs procurou até achar. Quando Dave ligou, Annie não se lembrou dele de início. Ao lhe recordar o imbecil com febre, a memória voltou, mas não quis sair com ele. Só depois de ouvi-lo dizer que suas irmãs não iriam sossegar enquanto ele não saísse com ela foi que Annie resolveu aceitar o convite – uma vez só.

Eu os encontrei quase dois anos depois à saída do cartório. Annie nos disse que saiu com Dave de novo porque da segunda vez que se encontraram ele se comportou como um cavalheiro. Dave explicou que foi gentil porque ela o levara para casa sem ter nenhum interesse nele e deixara claro que o achava um imbecil. Isso a tornou muito especial para ele. A preocupação dela se expressou antes do primeiro encontro, mas teria ficado clara a qualquer momento nos estágios iniciais do relacionamento e produzido os mesmos resultados.

Vários homens disseram que, quando começaram a sair com a mulher com quem estavam em vias de casar, o tema de voltar a estudar, fazer treinamento profissional ou buscar um emprego melhor costumava aparecer nas conversas. As mulheres incentivavam os seus futuros maridos a fazer o possível para melhorar. Eles disseram ter percebido, antes mesmo do relacionamento começar, que suas noivas tinham uma sincera preocupação com eles, e isso as tornava especial.

Essa preocupação pode se manifestar de formas simples. Um homem em vias de se casar disse ter ficado impressionado com o fato de sua noiva ter desmarcado o segundo encontro ao saber que ele tinha uma reunião importante de manhã. A Steve não passou despercebida a atitude da sua futura noiva, Faye, que o convenceu a não levá-la ao restaurante mais caro da cidade em seu primeiro encontro. O argumento de Faye foi o de que nenhum jantar valia o que se cobrava naquele lugar. Dono de empresa, Steve podia muito bem pagar as refeições que comia lá regularmente, mas Faye foi a primeira mulher que tentou convencê-lo a não gastar dinheiro com ela. Portanto, mostrar esse tipo de preocupação por um homem desde cedo é, claramente, uma sábia atitude a tomar!

Por que ele não telefona?

Nós também perguntamos aos homens por que eles não telefonavam para a mulher depois de dois ou mais encontros. Mais da metade disse que não sabia muito bem. A resposta que ouvimos com mais freqüência foi qualquer coisa relacionada à falta de "química". Eu incluí nesse grupo respostas como: "A gente não se entendeu", "As coisas não funcionaram do jeito que eu achava que iam funcionar" e assim por diante. Quando lhes pedíamos para ser mais específicos, a maioria não era capaz. Cinqüenta e quatro por cento disseram que não havia nada de errado com as mulheres com quem deixaram de sair, e alguns acrescentaram, sem serem perguntados, que ela talvez fosse perfeita para outra pessoa.

Concluímos que perguntar por que os homens não telefonam era algo que não fazia sentido no que dizia respeito à maioria deles. Na visão dos homens, eles precisam de motivo para telefonar outra vez, mas não precisam de motivo para não telefonar.

Outra razão comum para não telefonar no estágio do conhecimento era as mulheres começarem a levar a coisa a sério cedo demais. Vinte e três por cento dos homens que entrevistamos nos disseram ter tido no último ano um primeiro ou segundo encontro com uma mulher que começou a falar do relacionamento como se os dois já fossem um casal. Algumas mulheres começaram até a planejar o futuro junto ao homem durante esses encontros introdutórios. Várias chegaram a perguntar aos seus acompanhantes quantos filhos eles gostariam de ter.

Em alguns casos, isso pode ter sido apenas a maneira feminina de cortar o relacionamento. Uma das piadas mais difundidas entre as mulheres é: "Você sabe como se faz para se livrar de um homem? Simples. Diga a ele que você o ama e quer um filho dele." Dezenas de homens relataram ter saído no último ano com mulheres que, depois de apenas um ou dois encontros, começaram a falar como se imaginassem relacionamentos permanentes, o que os levou a largá-las como batatas quentes. Cinco disseram ter ficado tão incomodados que encerraram o encontro mais cedo. Fazer a coisa ficar séria cedo demais é um dos piores equívocos que uma mulher pode cometer.

Os homens reagem dessa forma não necessariamente porque têm medo de compromisso. Vários desses relatos foram obtidos com homens entrevistados à saída de cartórios. Um motivo comumente apresentado pelos homens para não telefonar foi a mulher não ter se mostrado tão positiva quanto eles haviam pensado que era. Ao se conhecerem, ela parecia simpática e otimista, mas depois de um ou dois encontros eles chegaram à conclusão de que elas estavam fingindo. Disseram às nossas pesquisadoras que elas começaram a fazer comentários negativos sobre lugares a que foram, pessoas que conheciam e a respeito de outras mulheres, e isso os aborreceu. Quando conversam entre si, as mulheres às vezes fazem comentários maldosos sobre outras mulheres. Mas isso é um erro quando se conversa com um homem – nove entre dez homens acham os comentários maldosos um corta-tesão.

Essas aparentes mudanças de personalidade depois do primeiro encontro podem assumir várias formas. Meia dúzia de homens nos falou de mulheres que eram simpáticas e educadas quando eles as conheceram mas que se tornaram rudes e vulgares quando eles começaram a sair. As mulheres ou estavam fingindo serem finas ou eram tímidas que, uma vez à vontade, deixavam as qualidades indesejáveis assumir as rédeas.

Convém às mulheres saber também que vários dos motivos alegados pelos homens para não telefonar eram mais relacionados a eles próprios do que a elas. Eles disseram às nossas pesquisadoras que não ligaram porque estavam ocupados com o trabalho, porque estavam sem dinheiro, porque perderam o número do telefone da mulher, porque tinham passado um mês sem ligar e não se achavam mais no direito de fazê-lo e assim por diante. Outros acharam que eles não tinham os mesmos gostos, que a mulher era burra ou inteligente demais, ou mesmo voltaram para suas antigas namoradas ou conheceram outra pessoa.

Os motivos apresentados pelos homens para não telefonar eram numerosos e nem sempre faziam sentido, mas eu penso que eram todos legítimos. Como os relacionamentos entre homens e mulheres não são lógicos por natureza, não há nenhuma razão para se esperar que os motivos de um homem para não continuar o relacionamento sejam lógicos. No entanto, se aplicarmos a lógica a esse primeiro passo do relacionamento, chegaremos à conclusão de que os homens não telefonam simplesmente por vontade de cortar relacionamentos que acham que não vão dar certo antes de começarem a evoluir – afinal de contas, o melhor momento de fazê-lo.

O estágio do conhecimento não requer necessariamente vários encontros. Ele pode durar de duas horas a três semanas. Se um homem conhece uma mulher numa festa e conversa com ela durante todo o tempo, no fim da noite eles provavelmente já se conhecem bastante bem e o estágio inicial se completou. A pessoa correspondeu ou não às primeiras expectativas. Se, na opinião de um homem, uma mulher não é tão simpática, animada ou inteligente quanto aparentava, é pouco provável que ele insista no relacionamento. Na maioria dos casos, passar ao estágio seguinte depende do atendimento das expectativas, nada mais.

Quando as pesquisadoras leram os dados brutos, de início ficaram bastante irritadas. Disseram que alguns dos motivos apresentados pelos homens para não telefonar eram ridículos, idiotas e imprecisos. Mas, depois de discutir isso entre si durante algum tempo, a maioria concluiu que era provavelmente melhor que os homens não tivessem telefonado, pois esses relacionamentos não iriam a parte alguma. As mulheres também admitiram que, depois do primeiro encontro, muitas vezes recusaram um segundo e um terceiro, por motivos igualmente arbitrários.

O terceiro estágio: necessidades e estilos de vida se encaixam?

O estágio seguinte do namoro geralmente transcorre entre o primeiro e o sexto ou sétimo encontro. É durante esses encontros que os parceiros se familiarizam com as respectivas necessidades, desejos e estilos de vida. Tal como o primeiro, esse estágio do namoro pode se dar num período muito curto ou levar semanas e até meses... A sua duração depende da natureza dos encontros e das pessoas envolvidas. Se, durante o namoro, os parceiros chegam a interagir significativamente, é muito provável que descubram rapidamente as respectivas necessidades, desejos e estilos de vida.

É nesse estágio que um homem e uma mulher decidem se realmente se encaixam. Mas isso nem sempre acontece no primeiro, no segundo, no terceiro, no quarto ou até no quinto encontro. É comum as pessoas fazerem sexo antes de chegarem à conclusão de que são incompatíveis. Além da paixão há outro elemento necessário para um relacionamento significativo: interesses comuns.

Separando atração e compatibilidade

Descobrir que você e uma pessoa por quem se sente atraído não são nem um pouco compatíveis é uma experiência que quase todo mundo já teve. Quando eu tinha 20 anos, fui ao litoral com um amigo. Logo ao chegar, conhecemos duas moças. Era uma noite de sexta-feira e nós ficamos juntos até às três horas da manhã. Já enamorados, no fim da noite combinamos de nos encontrar para o café da manhã. No sábado fomos à praia, e à noite a uma festa, onde nos divertimos bastante. No domingo, as pessoas que estavam na festa se encontraram no café da manhã e foram juntas à praia. Por volta das duas da tarde começou a chover e nós voltamos para a cidade. Simpática e bonita, a moça que estava comigo me parecia uma agradável companhia.

Na viagem de volta, meu amigo sugeriu que, como segunda-feira era feriado, nos encontrássemos na cidade para assistir a Shakespare no parque. Eu já ia apoiar a sugestão quando essa moça, com quem eu acabara de passar um fim de semana inteiro, disse, com desdém: "Shakespeare. Eu estudei essa droga no colégio. Eu odiei! Romeu e Julieta, argh!" E começou a falar de uns "panacas" que a haviam levado para ouvir uma ópera no parque. Ela saiu em 10 minutos: parecia que estavam "cantando" Shakespeare. A moça descreveu o cara que saiu com ela como um desses cretinos que freqüentavam os bares metidos a besta do East Side e pagavam uma nota preta para tomar uma bebida. Ela o achava um babaca.

Imediatamente percebi que éramos absolutamente incompatíveis. Não apenas eu gostava de Shakespeare e de ópera como aqueles bares sofisticados do East Side eram os lugares onde eu desfrutava a minha juventude e me divertia a valer. Uma hora mais tarde eu a deixei, com a amiga, num bairro pobre de Manhattan. Nunca mais a convidei para sair.

O terceiro estágio é, na verdade, uma nova fase de testes. Se você não é compatível com a pessoa com quem está saindo, não há como vir a ter com ela um relacionamento importante e nem como se divertir muito. É melhor que os relacionamentos que não funcionam nesse nível básico sejam encerrados, na medida do possível, de um modo rápido e indolor.

O quarto estágio: namoro

O quarto estágio do relacionamento é sair regularmente. É só nessa altura que os homens começam a pensar em ter algum tipo de relacionamento com a mulher. Em geral eles não se consideram envolvidos antes de uns quatro ou seis encontros. Para as mulheres, o tempo necessário é geralmente a metade deste.

É muito importante, então, que durante esses encontros exploratórios a mulher não deixe escapar que pensa no relacionamento como algo mais do que um namoro sem compromisso. Mesmo convencida de que o cara é a concretização dos seus sonhos, ela não pode dar essa deixa. A principal razão de os homens dispensarem as mulheres no primeiro ou segundo mês de relacionamento é elas virem com tudo cedo demais. Cerca de metade dos homens com quem conversamos rompeu com alguma mulher com quem estava saindo porque ela começou a levar o namoro a sério logo de cara.

Sair com uma mulher regularmente é ainda, na cabeça do homem, relacionamento informal, a não ser que o casal tenha firmado algum tipo de compromisso. Ele geralmente não se compromete com um relacionamento monogâmico no início do namoro. Pode até sair com uma única mulher durante meses e mesmo assim não se sentir obrigado a deixar de sair com outras. Esse estágio costuma durar de três semanas a três meses, dependendo da natureza do relacionamento. O pensamento do homem é afetado por vários fatores, como a freqüência com que saem, a situação da sua agenda, há quanto tempo e até que ponto eles se conhecem, etc.

Quando as pessoas se conhecem muito tempo antes de saírem juntas, os estágios não duram tanto. Se o homem e a mulher já são amigos há mais de ano, talvez não tenham de passar pelo primeiro e segundo estágios e possivelmente nem pelo terceiro. É provável que já conheçam os respectivos gostos e saibam se seus estilos de vida são compatíveis. Superado tudo isso, podem passar diretamente ao namoro sem compromisso e logo ao estágio seguinte. A finalidade do namoro sem compromisso é dar aos casais a oportunidade de se conhecerem mais intimamente e permitir que identifiquem o tipo de filmes, livros, pratos e tudo de que o outro mais gosta. É o período de os parceiros se colocarem a par de todos aqueles detalhes que criam um modo de vida a dois. Há casais que pulam esse estágio, mas são poucos.

O quinto estágio: romance

Depois de sair durante algum tempo, a maioria dos casais passa ao estágio do romance. É o período em que os homens entram no modo do galanteio – trazem flores e chocolates, levam a namorada a restaurantes românticos, abrem a porta para ela passar. É o estágio favorito das mulheres, o mais próximo que elas conseguem chegar do encontro com o seu cavaleiro da armadura cintilante. Os homens de hoje não são cavaleiros e suas armaduras não cintilam, mas alguns dão um polimento nelas nos primeiros estágios do relacionamento.

Tenha em mente que os homens estão sempre tentando agradar as mulheres de que gostam. Lembre-se disso e você não terá problemas com esse estágio.

Agradar a você agrada a ele

Durante esse estágio, é muito importante você deixar o namorado agradá-la. Uma das discussões que tivemos com grupos de homens e mulheres foi sobre como os homens deviam agradar as mulheres, especialmente durante a fase do romance. Algumas mulheres ficaram surpresas, e até chocadas, ao descobrir que não permitir que os homens as papariquem significa cortar o barato de muitos e desagradar a maioria dos outros. Os homens disseram que *evidentemente* desejavam agradar às mulheres com quem estavam; para alguns, mimar as mulheres é parte essencial do processo.

Para consternação delas, tudo isso passa rápido. Dependendo do relacionamento e do homem, o estágio romântico tem vida curta. Durante esse período, a mulher deve relaxar e gozar: é a coisa mais produtiva que ela pode fazer. Ele só ficará feliz se a estiver fazendo feliz.

Apesar de a maioria das mulheres que trabalham comigo ser feminista, elas aceitaram que, durante esse período, afirmar a independência e dizer ao homem que você pode tomar conta de si mesma não é uma boa idéia. Depois de ouvir centenas deles falarem em ter rompido com mulheres porque elas começaram a dominar a relação, mesmo as mais independentes concordaram que a coisa certa a fazer é desfrutar a vida em cima do pedestal. Não é tão difícil assim. Até porque, se você tiver paciência para esperar, no estágio seguinte do relacionamento os homens costumam passar as rédeas à mulher. Neste, você não só será capaz de tomar conta de si mesma como a maioria dos homens lhe pedirá pelo amor de Deus que faça isso.

O sexto estágio: ficando à vontade

Infelizmente, para a maioria das mulheres, o estágio seguinte de quase todos os relacionamentos é do conforto: os parceiros estão tão acostumados um com o outro que param de pisar em ovos. Começam a ser eles mesmos. Muitas vezes, os relacionamentos se autodestroem nesse ponto. Se suas personalidades entrarem em choque agora, não há nada que vocês possam ou devam fazer para salvar o relacionamento.

Mas mesmo que a decepção da mulher com o fato de o namorado ter deixado de ser romântico represente uma real ameaça de rompimento, o relacionamento ainda pode ser salvo. É compreensível a mulher ficar irritada com a mudança de atitude do pretendente, um sujeito que há poucas semanas aparecia com rosas e chocolates e agora mal chega e vai logo sentando no sofá e colocando os pés para cima para ver televisão, achando que ela já está no papo. Mas, acredite você ou não, a pesquisa mostra que achar que o outro já está no papo é um estágio importante em qualquer relacionamento. Sentir-se à vontade um com o outro é uma característica de todo namoro sério. A mulher sensata não deve achar que estar no papo quer dizer necessariamente fim de papo.

Ficar nessa situação sem protestar aumenta sensivelmente a probabilidade de que o relacionamento não vá a parte alguma. Esse é um dos primeiros sinais de alerta. Quando um relacionamento que parecia estar indo maravilhosamente bem começa a tropeçar numa pedra atrás da outra, geralmente é porque o homem começou a perder o respeito pela mulher. Ele não a trata mais como uma pessoa especial.

Um aspecto interessante desse fenômeno é que a mulher, na tentativa de corrigir a situação, às vezes começa a se matar para fazer tudo o que o homem quer – lavar suas cuecas, arrumar sua casa e coisas assim. E o interessante é que isso nem lhe garante a estima do homem nem melhora a situação. Apenas reforça a noção de que a mulher está ali por pura conveniência.

Discórdia doméstica

Houve um tempo em que as mulheres ganhavam o respeito dos homens recusando-se a fazer sexo.

Hoje, as mulheres que se recusam a fazer as tarefas domésticas conquistam mais respeito junto aos homens do que as que o consentem.

Quase 17% das mulheres entrevistadas à saída dos cartórios que moravam em suas próprias casas disseram saber cozinhar mas nunca tê-lo feito – a não ser em ocasiões especiais – para o homem com quem iam se casar. Alegavam que, como iam passar 50 anos cozinhando para eles depois de se casarem, preferiam adiar o inevitável.

Mais de 300 mulheres entrevistadas se recusavam a limpar as casas de seus parceiros – ou fazer qualquer coisa parecida –, afirmando que não era sua obrigação. Educadamente, elas explicaram aos seus noivos que não iriam assumir essas tarefas. Suas decisões foram aceitas pelos futuros maridos, mais da metade dos quais disse respeitar as mulheres por se defenderem. (Se você já estiver fazendo esse tipo de coisa para o seu namorado, não é inteligente parar de repente sem explicação; vá parando aos poucos até voltar a fazer tarefas domésticas para ele somente em ocasiões especiais.)

Falamos também à saída dos cartórios com centenas de mulheres que limpavam e cozinhavam regularmente para os noivos. Muitas delas disseram que seus companheiros eram muito legais com elas, de maneira que só estavam retribuindo. Em geral, os homens desses relacionamentos eram muito prestativos.

O estágio conforto costuma ter vários sintomas. Um deles é o homem não se sentir obrigado a telefonar antes de aparecer. Ele é tão bem-vindo na casa dela quanto na dele próprio. A mulher espera vê-lo com freqüência, e de fato vê. Isso pode ser um sinal positivo. Quanto mais tempo um homem passa junto da mulher, mais sério o namoro tende a ficar. Se ele aparece toda noite, pega um refrigerante e se aboleta para ver televisão, mesmo não sendo nada romântico, pode ser um sinal de compromisso. Indica que, na cabeça dele, vocês têm uma ligação especial.

Esse estágio geralmente se apresenta depois de três meses de relacionamento. A mulher deve vê-lo como anúncio de que o homem considera a relação potencialmente séria. É importante apurá-lo, porque se ele não começar a se comprometer nessa etapa, o namoro provavelmente não irá a parte alguma. Quando começa o estágio do ficar à vontade, vocês devem também começar a se tornar um casal, o que significa que o relacionamento passa a ser necessariamente monogâmico. Só depois disso é que o homem começa a pensar em casamento.

Mas atenção: ainda não está na hora de começar a fazer pressão. Você ainda não está em busca de compromisso, somente de informação.

Respeite-se

Além de entrevistar casais comprometidos, nós organizamos um grupo de discussão com homens que romperam com mulheres no estágio do ficar à vontade. Em geral, um mês depois de entrar nesse estágio. Quase que invariavelmente a mulher colocou a sua própria vida em segundo plano e ele perdeu o respeito por ela. As mulheres que exigiam ser bem tratadas, sair de vez em quando, ver o namorado vestir roupas elegantes e ir a bons restaurantes tinham duas vezes mais chances de acabar se casando com ele do que as que não o faziam. As que deixavam o homem menosprezá-las acabavam quase como empregadas. Como disse um homem observador: "Ninguém se casa com uma empregada."

A sexta sem lei

Um segundo problema que costuma acontecer nesse estágio é o "dia de sair sozinho". Um homem que fica à vontade com você deve ser monogâmico. Se ele não se torna monogâmico mais ou menos na mesma época em que fica à vontade, você pode estar diante de um grande problema. Se ele diz abertamente que sai de vez em quando com outra pessoa, você deve reconsiderar suas opções. Se ele sai com outras mulheres, provavelmente não está pensando em você como uma esposa em potencial. Mas, como em geral os homens não são assim tão francos a respeito de ter outros relacionamentos, é bom ficar de olho.

Não se pode esperar que o homem pare de ir a jogos de futebol com os amigos a partir do momento em que encontra uma mulher. E tampouco ele deve deixar de sair com os rapazes depois de se casar. Ele ainda há de querer ir a eventos esportivos e fazer outras coisas com seus companheiros. É provável que queira estar com os amigos mesmo que sejam quase todos solteiros. Mas há um problema: se ele continua a sair regularmente com eles, especialmente nos fins de semana, é provável que se encontre com outras mulheres. Homens solteiros em grupo, a menos que sigam direto para o estádio para assistir a uma partida e voltem para casa assim que ela termina, muito provavelmente saem atrás de mulheres. É claro, nem todo homem que sai no fim de semana com os amigos está indo à caça. Mas uma vez que se torne parte de um casal, ele deve parar de freqüentar regularmente lugares de solteiros acompanhado de amigos. Se continuar a fazê-lo, as chances de que o relacionamento evolua para o casamento passam a ser bem pequenas.

Entrevistamos homens que romperam com mulheres depois de atingir esse estágio de relacionamento. Vinte e nove por cento deles disseram que tinham conhecido outra pessoa. Metade disse ter conhecido outra mulher em sua rotina cotidiana – na viagem entre a casa e o trabalho, em viagens de negócios e no próprio trabalho. A outra metade disse que conheceu a outra mulher saindo com amigos solteiros.

Dois homens fizeram relatos detalhados de quando, onde e por que haviam sido infiéis a suas namoradas firmes. Quando lhes perguntamos se tinham pulado a cerca, um deles respondeu "Eu acho que sim, de certo modo" e o outro, "Umas duas vezes". Perguntamos como foi que aconteceu. Ambos disseram que estavam com um amigo solteiro que queria arranjar uma mulher. A mulher estava acompanhada de outra, e eles acabaram ficando com elas. Essa mesma história foi repetida muitas vezes pelos freqüentadores de bares de solteiros que entrevistamos.

Uma das coisas que você deve exigir se pretende que o seu relacionamento dure é a monogamia – o que significa que você deve insistir para que seu namorado deixe de freqüentar lugares de solteiros. Mesmo que ele não azare, as chances de que o seu relacionamento evolua para o casamento se reduzirão quase à metade se ele não levar a sério a natureza monogâmica do relacionamento de vocês e se não parar de viver como um cara solteiro.

O sétimo estágio: casal comprometido

O estágio mais importante de um relacionamento é se tornar um casal. Uma vez que isso aconteça, as duas partes assumem um compromisso sério. Pares que se tornam casais em geral acabam se casando. Entrevistei pessoas que saíram juntas durante 10 anos e nunca se tornaram um casal. Namoro estável não necessariamente implica compromisso.

Os casais bem-sucedidos têm três características comuns. A primeira, são monogâmicos: saem um com o outro e com mais ninguém. E não fazem coisas que dêem a impressão de que poderiam ser menos que monogâmicos. Não saem para fins de semana com os rapazes ou com as garotas e não freqüentam lugares de solteiros.

Você é a número um

A segunda característica de um casal bem-sucedido é os dois colocarem os interesses dos parceiros acima dos interesses dos amigos e da família – não que cortem relações com eles, mas que façam dos parceiros a sua prioridade. Haverá momentos, é claro, em que um dos dois irá a uma reunião de família que o outro não acha importante, ou irá se reunir com amigos quando o parceiro preferiria que não fosse.

A menos que o homem ponha sistematicamente as necessidades e desejos de seus amigos e sua família acima dos da parceira, ela não deve se irritar e pôr em risco o relacionamento. Muitas mulheres disseram, à saída dos cartórios, respeitar e até admirar o estreito relacionamento de seus noivos com as respectivas famílias. Algumas achavam que observar a forma como o homem trata sua família e seus amigos lhes dava uma idéia dos valores com que ele conduzia a sua vida. Quase um terço das mulheres julgava os noivos pela forma de tratar a família, acreditando ser esse um bom indício de como eles viriam a tratar suas esposas e filhos. Quase a metade das mulheres que entrevistamos disse achar que há nisso um pouco de verdade, mesmo sem saber muito bem quanto, ao passo que cerca de 20% disseram que é pura bobagem.

Você deve ter em mente que a força dos vínculos familiares

varia de uma família para outra. Algumas famílias têm vínculos, relacionamentos e obrigações muito estritos. Se o seu namorado vem de uma família assim, ele sentirá fortes obrigações para com os familiares, sejam próximos ou distantes, mesmo depois de você se tornar a pessoa mais importante da vida dele. Você terá de respeitar essas obrigações. Mas se você não ocupa o lugar principal da vida dele, o problema é sério. Ocupar o lugar principal não significa que toda vez que houver um conflito com a família ele colocará os seus interesses em primeiro lugar, e sim que, na maioria dos casos, ele pensará nas suas necessidades e desejos antes de pensar nos de sua família.

Tomar o seu partido

Um dos indicadores mais importantes da profundidade do compromisso do homem é a sua disposição em proteger a parceira dos ataques de sua família. Vários homens que saíam dos cartórios disseram às nossas pesquisadoras que suas mães, irmãs e outras pessoas da família não gostavam de suas futuras esposas. Quando uma pessoa da família diz algo sobre sua mulher em caráter estritamente particular, a maioria dos homens sai em sua defesa. Mas se uma pessoa da família a critica em público, é obrigação do homem defendê-la. Setenta e nove por cento dos homens entrevistados disseram que, toda vez que familiares seus fizeram comentários negativos sobre suas noivas, eles saíram em sua defesa.

Vejamos o caso de Karl, um americano de segunda geração. Seu pai e sua mãe, assim como os irmãos e irmãs de sua mãe, vieram da Alemanha Oriental 30 anos atrás, quando o país vivia sob regime comunista. Por serem todos estrangeiros, a família se tornou algo muito importante em suas vidas. Todo domingo à tarde eles se reuniam para almoçar na casa de sua mãe. As tias de Karl, a esposa do seu irmão e suas duas irmãs traziam pratos para o almoço. Depois de comer, eles passavam a tarde em família, conversando, assistindo à televisão e jogando cartas. Quando Karl começou a trazer Sheila, entendeu-se que ela era um membro da família em potencial. Era óbvio que ele tinha intenções sérias a seu respeito, pois nunca havia trazido uma mulher aos almoços de domingo.

Contudo, Sheila não caiu no agrado da mãe de Karl porque não era descendente de alemães. Duas semanas depois de Karl tê-la defendido junto à família, sua mãe, ciente de que Sheila trabalhava aos sábados, anunciou que os almoços passariam a acontecer... nas tardes de sábado. No sábado seguinte, Karl foi visitar a família de manhã, mas não ficou para o almoço. Quando sua mãe lhe telefonou para saber onde estava, ele disse que estaria lá se fosse domingo. Como Sheila não poderia ir, ele também não iria. Karl não apareceu nas três semanas seguintes, até que a mãe acabou voltando as reuniões de família para os domingos (o que deixou todos felizes, porque ninguém gostava de almoçar aos sábados).

Karl ficou do lado da mulher com quem pensava em se casar. Ele fez saber à sua mãe que Sheila era importante em sua vida e que não havia nada que ela pudesse fazer a respeito.

Nós ouvimos muitas histórias similares e todas tinham a mesma coisa em comum: os familiares não gostaram da mulher que o homem escolhera e não fizeram questão de escondê-lo. Ele, por sua vez, os fez saber em termos claros que não permitiria que as opiniões deles interferissem no relacionamento. Se você se encontra numa situação parecida e seu namorado não a defende, o relacionamento de vocês pode estar correndo grave perigo.

Conviver

A terceira característica essencial dos casais bem-sucedidos é gostarem de ficar juntos. Quando não estão fazendo nada e não têm nada para fazer, ficam juntos. Esse é um estágio bastante crítico, embora muitas pessoas não o reconheçam. A menos que o casal goste tanto da companhia um do outro que não precise de uma atividade especial, um jantar, uma peça de teatro ou um filme para se divertir, ele tem problemas.

Se basta apenas ficar juntos, vocês são um casal bem-sucedido.

Oitavo estágio: situação pré-conjugal

Casais bem-sucedidos nem sempre se casam. Às vezes se dão tão bem que vivem felizes juntos durante anos e por algum motivo o homem nunca assume um compromisso com a mulher. Os casais comprometidos têm três características. Primeiro, são afetuosos. Não que se abracem e se beijem o tempo todo, mas dão mostras de afeto físico, como se tocar e andar de mãos dadas.

O afeto é comum entre casais que estão a caminho do altar. Marca distintiva de compromisso, o comportamento afetuoso geralmente vem desde cedo no relacionamento.

A maioria dos homens apaixonados está sempre fazendo alguma coisa para agradar sua parceira. Se o seu parceiro vive fazendo coisas para agradá-la, você chegou ao ponto em que é razoável esperar uma proposta de casamento. Se deixar esse momento passar, você estará cometendo um grave erro. O senso de oportunidade é decisivo. No próximo capítulo iremos examinar a melhor maneira de lidar com essa situação.

Segredos compartilhados

Outro traço distintivo da situação pré-conjugal é os parceiros se tornarem confidentes. Ambos se sentem livres para dizer qualquer coisa ao outro. A mulher dirá que não gosta do irmão dele, do namorado da irmã, de seus melhores amigos, da comida da mãe, na certeza de que suas observações nunca chegarão aos ouvidos do irmão, da irmã, dos amigos e da mãe do namorado. Ele, da mesma forma, dirá a ela o que pensa sobre quase tudo.

Quando discutem alguma coisa, prevalece o acordo de que seus comentários ficarão sempre entre eles. Este é provavelmente o pacto mais sagrado dos casais não-casados. Se um deles trai o pacto, é porque o casal não é tão íntimo quanto deveria ser.

Se vocês não são confidentes nesse estágio, fique ligada, porque 90% dos casais em vias de se casar o são.

Duas palavras de alerta, porém. Primeiro, nós tomamos conhecimento de 15 casais que romperam porque o homem reagiu negativamente aos comentários da namorada sobre sua família. Não pense que o seu namorado ou noivo não fica aborrecido só porque não reage emocionalmente aos seus comentários (veja a segunda advertência abaixo), ou que não reage negativamente ao que você diz só porque confia em você. Os homens amam suas famílias tanto quanto as mulheres e costumam ser sensíveis a críticas que lhes são feitas. Eu lancei mão dos comentários sobre a família do homem para demonstrar a importância de manter segredo, e não para sugerir que a mulher deva se sentir à vontade para fazê-los.

Segundo, os homens não compartilham os seus sentimentos com facilidade, de modo que não é razoável esperar que o façam. A maioria dos homens lhe dirá o que pensa, não o que sente – às vezes mesmo depois de vários anos de casamento.

O cronograma do relacionamento

O sentido de tempo é muito importante nessa fase, mas não há um cronograma que deva ser seguido a ferro e fogo. Circunstâncias inusitadas podem mudar o tempo dos relacionamentos. Trabalhar em horários diferentes e morar longe um do outro podem tornar o processo mais lento. Seria uma tolice terminar um relacionamento promissor só porque o seu namorado está alguns dias ou semanas atrasado no cronograma. Mas reavalie as suas opções caso exista uma defasagem de meses ou anos.

Se depois de três ou quatro encontros ele não lhe telefona regularmente, ou – o que é pior – só telefona esporadicamente, as chances de o relacionamento levar ao casamento são escassas. Se ele não liga regularmente depois de sete ou oito encontros, a coisa mais sensata a fazer é procurar outra pessoa.

Deve-se passar dos encontros eventuais ao namoro monogâmico no prazo de um a quatro meses. Se vocês estão atrasados em relação ao estágio monogâmico, a menos que existam circunstâncias especiais, pode estar havendo algum problema. O fato de vocês saírem juntos, de fazerem coisas juntos e de todos os seus amigos pensarem que vocês são um casal não é relevante. Vocês só se tornam um casal quando assumem a monogamia. A maioria dos casais chega a esse ponto em três ou quatro meses. Se o relacionamento de vocês não é monogâmico aos seis meses, existe uma real possibilidade de que jamais venha a sê-lo.

A liberdade e a segurança de compartilhar confidências devem se desenvolver pouco tempo depois de vocês se tornarem monogâmicos. Se isso não acontecer, pode ser sinal de que o relacionamento não está progredindo como deveria.

Em geral, os casais levam de seis meses a um ano para se tornarem comprometidos, embora existam exceções. Lembre-se, para os homens, um dos passos necessários numa relação que se desenvolve é colocar os interesses de sua parceira acima dos de sua família e amigos. Nossa pesquisa revelou que os casais levam cerca de um ano para atingir esse estágio. Se depois de um ano isso não ocorreu, é porque o relacionamento carece de compromisso. Setenta e três por cento das pessoas entrevistadas à saída dos cartórios disseram que em nove meses seus parceiros tinham se tornado o centro de suas vidas. Somente 7% informaram ter precisado de mais de um ano para se tornarem um casal comprometido.

Nono estágio: o pedido de casamento

Eu coloquei o estágio do pedido de casamento logo depois da seção sobre o sentido de tempo por seu caráter decisivo nessa fase. Se, ao final de 22 meses, o seu namorado não a pediu em casamento, as chances de vir a fazê-lo daí para a frente começam a diminuir. Com a aproximação do 22º mês, você deve fazer o que estiver ao seu alcance para que ele assuma um compromisso. Não que as chances de que ele a peça em casamento se evaporem a partir daí, mas esse é um ponto de inflexão a partir do qual a curva de tendência estatística começa a cair.

Um conselho

Não se deixe governar pelos nove estágios esboçados neste capítulo – eles são meras estimativas baseadas em médias estatísticas. Não existem duas relações que se desenvolvam exatamente da mesma forma ou à mesma velocidade. Em muitos relacionamentos bem-sucedidos, os estágios se superpõem e/ou assumem padrões diferentes. Um de cada cinco casais que pegamos saindo dos cartórios com os papéis do casamento na mão pulou pelo menos um estágio. Cinco deles se conheceram menos de duas semanas antes de noivar. É óbvio que passaram batidos pela maioria dos estágios.

Não obstante, vale a pena conhecer os estágios por que passam os relacionamentos para se ter uma noção de como evoluem aqueles que são bem-sucedidos e saber mais ou menos o que esperar. Este estudo da natureza dos relacionamentos não foi concebido como um conjunto fechado de critérios a serem usados para avaliar o sucesso ou a solidez de um relacionamento; nem deve ser usado como desculpa para terminar um relacionamento que ainda tenha boas chances de sucesso. Este capítulo é um instrumento de diagnóstico que você pode usar para examinar o seu relacionamento e trabalhar para melhorá-lo.

Uma recapitulação estatística dos relacionamentos

- Não se espante nem duvide de si mesma se o homem não telefona. O mais provável é que você não tenha correspondido às expectativas pouco realistas dele.
- Se você quer impressionar um homem, comece a demonstrar preocupação com o futuro, a saúde e a carreira dele desde cedo.
- Nunca fale de casamento, filhos ou de seu futuro juntos durante os primeiros seis encontros.
- Se vocês não têm nada em comum exceto uma atração sexual, o relacionamento não dará certo a longo prazo.
- Os homens vêem encontros regulares como informais, ao passo que as mulheres tendem a supor que os dois já são um casal.
- Se o homem quer ser romântico, desfrute ao máximo. A corte dá ao homem a chance de agradar sua parceira.
- Quando ele ficar muito confortável, expresse seus sentimentos. Isso faz parte dos relacionamentos mais sólidos.
- Antes de casar, evite ficar fazendo tudo para o seu namorado, a começar pelas tarefas domésticas dele. Deixe-o paparicá-la.
- Casais a caminho do casamento devem ser, e geralmente são, monogâmicos ao cabo de seis meses.
- Se estar juntos é suficiente, vocês são um casal bem-sucedido.
- Se vocês fazem pequenos sacrifícios um pelo outro e compartilham confidências, e se estão namorando exclusivamente há um ano, o passo seguinte deve ser um pedido de casamento.
- Este capítulo foi concebido para ajudá-la a proteger e avaliar seus relacionamentos – não se precipite.

5 *Falando de casamento*

Se você quiser falar de casamento com o seu namorado, é provável que tenha de ventilar o assunto primeiro.

Quando perguntamos às pessoas em vias de se casar qual deles falou primeiro em casamento, 69% disseram que foi a mulher, 12% o homem. O restante não se lembrava, não tinha certeza ou divergia. Na maioria dos casos de divergência, o homem dizia que foi a mulher e ela não se lembrava de ter sido assim.

Quando a pergunta era quem propôs o casamento, apenas 4% disseram que foi a mulher. No entanto, ao entrevistarmos separadamente o homem e a mulher e depois o casal, chegamos à conclusão de que o índice de 9% refletia os fatos com mais precisão. Menos de 2% das mulheres comprometidas assumiram o papel tradicional do homem e perguntaram "Você quer casar comigo?" ou coisa que o valha. Os 7% restantes propuseram casamento sem chegar a dizer *Quer casar comigo* ou coisa similar. A maioria das mulheres que nós concluímos ter feito a proposta o negou – e tinha um bom motivo. Em mais da metade dos casos em que a mulher propôs e o homem praticamente aceitou, o homem também propôs.

Mary e Robert são um típico exemplo de inversão de papéis. Robert se queixou de que ela, depois de propor e ele aceitar, o fez se ajoelhar e pedi-la em casamento sob ameaça de sair porta afora naquele mesmo instante.

Sem nenhuma dúvida, ainda são os homens que geralmente pedem a mulher em casamento. De maneira que, quando eu sugiro que você converse com o seu namorado sobre o assunto, não quero ser interpretado como se você devesse lhe propor casamento – e sim que deve colocar a questão.

Mas eu achava que você sabia

Discutir o casamento é importante por várias razões. Uma delas é evitar um mal-entendido capaz de dar um sério golpe em seus planos de se casar. Entrevistei dezenas de mulheres que ventilaram o tema depois de anos de relacionamento e ouviram da boca de seus namorados que eles não tinham a intenção de se casar nem com elas nem com ninguém. As mulheres que ouviram isso fizeram todas a mesma pergunta: "Por que você não me disse isso antes?" E todos os homens deram a mesma resposta: "Porque você nunca me perguntou."

Se você não sabe o que o seu namorado pensa a respeito do casamento, terá de trazer o assunto à baila e ouvir com bastante atenção o que ele tem a dizer. Não permita que ele evite ou se desvie do assunto. Você precisa saber o que ele pensa não apenas sobre o casamento em geral e, ainda mais importante, sobre a possibilidade de vir a se casar com você.

Celeste é um bom exemplo de por que você precisa saber. Ela conheceu Mark, um advogado, numa festa e saiu com ele uma meia dúzia de vezes sem no entanto chegar a fazer sexo. No sétimo encontro ele disse que ia passar duas semanas num cruzeiro com quatro amigos. Dois iriam sós e os outros levariam as namoradas. Ele disse a Celeste que gostaria de que ela fosse, mas os outros dois casais ficariam em seus próprios camarotes e ele não sabia muito bem o que fazer no caso deles, uma vez que ainda não haviam dormido juntos. Mark garantiu que, se ela o acompanhasse, nem ela nem ele deveriam considerar a viagem um compromisso. Suas vidas seguiriam como normalmente. Celeste dormiu com ele no encontro seguinte e foi ao cruzeiro.

Quando, mais de um ano depois, Celeste lhe disse que tinha a intenção de se casar e ter filhos, Mark respondeu que então era melhor ela arranjar outro cara, lembrando-lhe de que o acordo deles era de "não-compromisso". Em sua cabeça, a conversa que eles haviam tido mais de um ano antes ainda estava valendo!

Acredite ou não, três outras mulheres contaram histórias parecidas. Se você e seu namorado algum dia tiveram uma conversa a respeito de ter uma relação sem compromisso, é melhor você esclarecer logo a sua posição.

Não falar em casamento é também um problema por outra razão. Nossas pesquisadoras ficaram espantadas ao descobrir que os homens relutavam em falar em casamento mesmo depois de passar meses refletindo favoravelmente a respeito. Falamos com dezenas de homens que haviam tido relacionamentos sérios. Em algum momento desses relacionamentos eles tinham pensado seriamente em casamento, mas nunca o disseram à mulher. O relacionamento terminou sem que nenhuma das partes levantasse a questão.

Insista no casamento

Nossa mais importante descoberta foi a de que a principal diferença entre as mulheres que se casam e as que não se casam é:

As mulheres que se casam são as que pressionam seus homens nesse sentido.

Eu sei que parece simplificação, mas se trata de um fato estatístico inegável e decisivo. Mais de 73% das mulheres que saíam dos cartórios de braços dados com seus futuros maridos nos disseram tê-los pressionado a pedi-las em casamento. Na maioria dos casos, não houve nenhum tipo de manipulação. Elas apenas lhes expressaram seus sentimentos.

As mulheres faziam saber aos seus homens, de diversas formas, que achavam o casamento um pré-requisito indispensável para uma vida plena e feliz. A idéia de que toda mulher precisa de um marido hoje parece politicamente incorreta. Mesmo assim, 64% das futuras esposas nos disseram ter essa crença, contra menos de 20% das mulheres que não acreditavam que fossem se casar.

Essas estatísticas saíram de dois levantamentos. No primeiro, nós pesquisamos mulheres que saíam dos cartórios e, no segundo, mulheres de 30 e tantos a 40 e tantos anos que achavam improvável vir a se casar. Eu não estava convencido com os levantamentos que indicavam que as mulheres que acreditavam precisar de um homem tinham mais chances de arranjar marido. Achava que provavelmente essas mulheres estivessem dando as únicas respostas que pessoas em sua posição poderiam dar. É natural que uma mulher em vias de se casar acredite que o casamento é necessário à sua felicidade. Por outro lado, as mulheres que acham que não vão se casar precisam se convencer, para o seu próprio bem, de que podem viver vidas plenas e felizes sem um marido.

Contudo, os números foram tão surpreendentes que eu propus um estudo separado para testá-los. Identificamos 148 mulheres solteiras de 23 a 28 anos que diziam querer se casar mas não estavam tendo nenhum relacionamento que pudesse levá-las ao altar. Perguntamos a elas se achavam que o casamento era necessário para que suas vidas fossem plenas e felizes. E combinamos de entrevistá-las novamente quatro anos depois. Decorrido esse prazo, somente 102 delas puderam ser encontradas. Acreditamos que a dificuldade de contactá-las se deveu ao fato de muitas terem se casado e mudado de nome, mas, na impossibilidade de confirmá-lo, não as levamos em consideração no estudo. Dentre as que conseguimos contactar, descobrimos que o número de noivas e casadas, dentre aquelas que quatro anos antes haviam revelado às nossas pesquisadoras achar que o casamento era essencial, era duas vezes maior que o das que disseram não ser. Esses números não surpreenderam nem a mim nem às minhas pesquisadoras. Nós concluímos que a mulher que acredita que o casamento é fundamental se esforça mais para encontrar um marido.

Crenças poderosas

Depois das entrevistas de acompanhamento, organizamos dois grupos de discussão, com mulheres que achavam que o casamento era essencial para a sua felicidade e com mulheres que achavam que não. Além disso, comparamos mulheres que saíam dos cartórios com mulheres de 30 e tantos a 40 e tantos anos solteiras ou não envolvidas em relacionamentos sérios.

Analisando os dados obtidos, chegamos à seguinte conclusão: transmitir ao homem o sentimento de que o casamento é fundamental para ser feliz foi para a mulher, muitas vezes, um poderoso argumento em favor do compromisso. Quase um terço das mulheres em vias de se casar disse que a discussão ou argumento que convenceu o noivo a lhe propor casamento foi mais ou menos o seguinte: "O casamento é essencial para a minha felicidade. Se você me ama como diz me amar, fará o que for preciso para me fazer feliz."

Poucos homens disseram ter sido convencidos somente por esse argumento, mas muitos deixaram claro que ele teve um papel considerável em sua decisão de propor casamento à namorada. Na verdade, vários deles perguntaram o que mais podiam fazer depois de a mulher por quem estavam apaixonados argumentar que, se ele a amava de verdade, não tinha alternativa.

Nem todos os homens, na verdade nem a maioria, disseram ou insinuaram ter sido arrastados ao casamento. Cerca de um terço deles nos disse que o único motivo pelo qual pediram a mulher em casamento foi estar apaixonado e querer viver o resto da vida com ela. A principal pressão sentida por esses noivos era não saber a resposta que receberiam quando propusessem casamento. Esses homens receberam de nossas pesquisadoras o apelido de "Príncipes Encantados".

Em geral, os homens que saíam dos cartórios não se encaixavam em categorias bem definidas. Não eram nem pobres-coitados arrastados à força ou ardilosamente induzidos a se casar, nem príncipes encantados que não podiam viver um minuto a mais sem a mulher dos seus sonhos. Ao mesmo tempo que admitiram ter sentido uma certa pressão para propor casamento à namorada, os homens, em sua maior parte, disseram que a principal razão de tê-lo proposto foi o fato de estarem apaixonados. E o mais importante:

A maioria deles estava firmemente convencida de que a pressão apenas acelerou o processo – não foi um fator decisivo.

Esses homens disseram que suas futuras esposas estavam mais aflitas do que eles para "se amarrar", mas sabiam que a viagem até o altar era inevitável.

Nós lhes perguntamos: "Se não tivesse havido pressão e você se sentisse livre para propor casamento de acordo com o seu próprio cronograma, quando o teria feito?" Curiosamente, 63% disseram que o teriam feito em um ou dois anos. Essa resposta é muito reveladora: nossa pesquisa mostrou que, quando os homens protelavam a proposta de casamento por três meses que fosse, em muitos casos acabavam nunca propondo. Portanto, essa pressão que parecia só ser relevante em termos de oportunidade talvez tivesse muito mais importância do que supunham os entrevistados – sem essa pressão, é possível que a proposta nunca tivesse sido feita!

Ao mesmo tempo que hesitavam muito em admitir ter feito

alguma coisa sob pressão, os homens disseram nos grupos de discussão que ser colocados na parede os motivou a propor casamento. Quando lhes perguntamos o que achavam que teria acontecido se tivessem protelado o pedido por uns três ou quatro meses somente, 50% disseram que suas futuras esposas teriam ficado muito chateadas, explicando que elas estavam à espera de uma proposta de casamento imediata. Em aproximadamente 90% dos casos, as mulheres deram a entender aos homens que esperavam uma aliança sem precisar dizê-lo abertamente. Quando perguntamos aos futuros maridos em que momento perceberam isso, a maioria disse ter sido logo no início do relacionamento. Quisemos então saber se eles haviam se sentido pressionados assim que receberam a mensagem. Para nossa surpresa, 71% disseram que não. A mensagem não era ameaçadora porque não dizia *Nós nos casaremos um dia, mas, se levarmos esse relacionamento ao ponto em que o casamento seja o passo seguinte, saiba que eu tenho intenção de me casar e estarei à espera de um pedido formal.*

As mulheres admitiram ter dado a entender desde cedo no relacionamento que os dois iriam se casar um dia. A maioria delas também disse acreditar que seu namorado compreendia que, se depois de um ano ou mais juntos eles continuassem a ser um casal e a se dar bem, deveriam começar a pensar seriamente em casamento. Esta é uma excelente idéia: quando deixados a pensar por si mesmos, menos de 7% dos futuros maridos achavam que namorar durante um ano e estar apaixonado significava que o casamento era necessariamente o passo seguinte.

Insinuações explícitas

As mulheres que compreendiam que seus namorados precisavam de um empurrãozinho na direção certa mas faziam insinuações demasiado sutis raramente atingiam seu objetivo. As mulheres que entrevistamos, em sua maioria, acreditavam que, por terem passado meses insinuando que queriam casar, seus homens haviam recebido a mensagem. Várias delas nos disseram achar que, como os seus namorados eram caras inteligentes, instruídos e sofisticados, bastavam insinuações sutis, mas as entrevistas com os homens mostraram que em geral as coisas não eram bem assim. Insinuações vagas ou mensagens sutis dirigidas aos homens raramente funcionam. É a diferença entre dizer "Eu nos vejo casados um dia" e "Eu nos vejo casados no ano que vem". "No ano que vem" estrutura mais concretamente a afirmação, que é o de que o homem precisa.

Quando perguntamos aos noivos como foi que suas noivas lhes fizeram saber que estavam à espera de uma aliança, somente 5% responderam que elas lhes disseram diretamente. O resto disse: "As mulheres fazem insinuações." Quando perguntamos às noivas como fizeram os noivos perceberem que esperavam um pedido de casamento cedo ou tarde, a maioria respondeu que expressou claramente o seu desejo. Sessenta e três por cento das mulheres comprometidas nos garantiram ter dito aos companheiros, pelo menos uma vez, que esperavam que o relacionamento os conduzisse – um dia – ao casamento. Elas não tinham pressa e nem achavam que o tempo era importante. Mais de um terço das futuras esposas relatou que, meses depois de ter tido a certeza de que seus namorados perceberam que elas esperavam uma proposta de casamento, alguma coisa que eles disseram ou fizeram deu a entender que isso era a última coisa em que estavam pensando. Ao fazer essa descoberta, elas passaram a uma abordagem mais direta.

"Está na hora"

Isso nos traz à mensagem que a maioria das noivas enviou aos seus futuros maridos: *Está na hora de a gente se casar*. As mulheres que entrevistamos disseram ter chegado a essa idéia por uma série de caminhos: "Todas as minhas amigas estão se casando"; "Meu relógio biológico está correndo"; "Eu acho que casando a gente vai poder economizar"; "Todo mundo quer saber quando é que vai ser a festa".

Quando a mulher já sabe, e não quando apenas acha, que o seu namorado está favoravelmente propenso à idéia do casamento, ela deve enviar a mensagem *Vamos nos casar agora*. Sem isso, o homem pode protelar a proposta de casamento até achar que ela não é mais importante ou necessária.

Alguns tipos de pressão nesse sentido parecem produzir resultados positivos, ao passo que outros raramente funcionam. Ainda que muitos noivos tenham dito que a pressão veio da família da noiva, isso não costuma produzir o efeito desejado. Entrevistamos vários homens que romperam o relacionamento por não suportar a família dela forçando a barra.

Uma porcentagem substancial dos homens disse que se sentia desconfortável toda vez que se encontrava com a família da noiva e que não gostava nada da pressão que faziam sobre ele. Muitos homens disseram que a mulher que estavam namorando era a única que tinha o direito de levantar a questão do casamento. A realidade é que a maioria dos homens está sob alguma espécie de pressão quando propõe casamento, mas geralmente ela vem da própria mulher e não da família dela.

A exceção a essa regra ocorre quando a família da noiva anuncia que ela tem um dote: "Se você se casar com a nossa filha, nós compraremos sua primeira casa", "Nós vamos introduzi-lo nos negócios da família" ou algum outro tipo de incentivo financeiro.

Quando entrevistamos mulheres em vias de se casar, nem por um segundo elas negaram ter feito pressão sobre o seu homem. Na verdade, 72% delas disseram ter adulado, seduzido, induzido, empurrado, ordenado ou provocado seus futuros maridos a lhes pedir em casamento. A grande maioria achava que seu namorado estava pronto e elas só estavam facilitando as coisas. Menos de 15% das mulheres perceberam que, se não tivessem pressionado, a proposta provavelmente nunca teria sido feita. As que conseguiram entender que o tempo era um fator decisivo confiaram em seus instintos e em sua intuição.

Ataque enquanto o noivo está quente

Apesar de as mulheres não terem sido capazes de apresentar as razões de sua convicção de que seus namorados estavam prontos para lhes pedir em casamento, elas eram suficientemente fortes para levá-las a agir. Essas mulheres fizeram o possível e o imaginável – insinuar, ganir, implorar, provocar – para induzir seus companheiros a lhes propor casamento imediatamente. Quando perguntamos o motivo, uma mulher de um grupo de discussão deu uma resposta fantástica: "Você tem de atacar enquanto o noivo está quente." As mulheres comprometidas concordaram em sua maior parte que, se por um lado não haviam exigido uma proposta imediata, a sensação que tinham era a de que o momento estava maduro.

Nosso próximo estudo tratou da reação dos homens quando a questão do casamento foi trazida à baila pela primeira vez. Nesse estudo só utilizamos homens na idade ideal de se casar (ver capítulo1), que, é claro, não é a idade em que eles estão legalmente aptos e sim aquela em que estão preparados para assumir um compromisso. Fizemos questão de que os entrevistados tivessem tempo suficiente de formados e rendimentos adequados ou carreiras profissionais estáveis.

Reações viscerais

A má notícia é que, quando o casamento é discutido a sério pela primeira vez, a maioria dos homens reage negativamente. A boa é que um terço dos homens com quem conversamos decidiu se casar depois de discutir seriamente o assunto. A maioria não fez a proposta imediatamente. Mas, depois de se acostumar com a idéia, esses homens aceitaram e até comemoraram o fato de se casar. Quando achavam ter motivos para adiar o compromisso, estes eram geralmente de ordem prática – terminar a faculdade, arranjar outro emprego, ganhar dinheiro suficiente e até rescindir um contrato de aluguel para procurar um lugar onde os dois pudessem morar. Eles quase sempre diziam à mulher que queriam casar uma ou duas semanas depois da discussão. Não havia nada de vago em suas intenções. Embora raramente estabelecessem uma data, eles deixavam claro que tinham a intenção de casar num futuro imediato.

Muitos casais dessa categoria com os quais conversamos disseram não ter havido pedido formal de casamento. Eles já sabiam que iam se casar muito antes de sair para comprar as alianças. Eram pessoas que tinham uma relação descontraída e informal que se refletia na forma como lidavam com a situação. Quando perguntamos a uma mulher se o homem lhe propôs casamento depois de ter comprado as alianças, ela disse: "Por que razão eu ainda o faria se ajoelhar depois de termos comprado juntos as alianças de noivado? Eu não tinha nenhuma intenção de lhe dar todo esse tempo. Quando o joalheiro passou a aliança por cima do balcão, ele imediatamente a colocou no meu dedo. Era isso o que eu queria e esperava."

Alguns homens que aceitaram imediatamente a idéia de se casar eram muito românticos: compraram champanhe ou fizeram a proposta no Dia dos Namorados ou de Natal. Românticos mas não com a cabeça nas nuvens. Em quase todos os casos, depois de concordarem em se casar, eles discutiram muito seriamente os vários aspectos do matrimônio. Se tinham diferenças religiosas, discutiam em qual religião educariam os filhos. Às vezes discutiam dinheiro – quem tinha o que e como dividiriam as despesas.

Discutiam também onde iriam morar, em que escola poriam as crianças e a qual dos dois empregos seria dada a precedência. Procuravam tirar a maior quantidade de pedras que fosse possível antes de tomar o caminho do casamento.

Depois que o casal decide passar a vida junto, a maior parte das discussões é franca e direta e abrange uma grande variedade de temas. Às vezes, porém, elas podem acabar com a relação. Isso costuma acontecer com casais que protelaram a discussão sobre os valores básicos, a religião ou o dinheiro durante o namoro.

Um dos mitos mais difundidos é o de que os casamentos se frustram por motivos amorosos. Na maioria das vezes, as propostas de casamento tropeçam nas pedras práticas da vida. Conversando com noivos e recém-casados, descobrimos que muitos tiveram relacionamentos sérios anteriores. Em vários casos, esses relacionamentos terminaram por causa de diferenças religiosas e políticas, de famílias que não se davam e coisas assim. Os motivos de rompimento eram vários, mas em geral bons motivos. Eu e as pesquisadoras concordamos que as pessoas que cancelavam o casamento nesse momento eram muito sensíveis e equilibradas; se fossem em frente, o casamento provavelmente se romperia pelas mesmas razões. A solução deles era muito menos complicada, cara e dolorosa.

Reações iniciais

Quando a moça traz à baila o tema do casamento e o homem, imediatamente ou num curto espaço de tempo, aceita a idéia, o caminho que ela tem de trilhar é aparentemente simples: só lhe resta planejar o casamento. Mas como dois terços dos homens experimentam uma certa turbulência diante da idéia de se casar (quando não reagem de maneira abertamente negativa), o modo como a mulher lida com a reação inicial do homem é decisivo para que ele se deixe levar até o altar. Tenha em mente que, de todos os homens com quem conversamos à saída dos cartórios, dois terços não disseram ter tido a reação inicial "Sim, vamos casar", mas "Não, não vamos" ou pelo menos "Agora não".

Centenas de mulheres nos disseram ter interpretado qualquer resposta diferente de "Sim, meu amor" como uma recusa – o que é lamentável, porque em muitos casos não se tratava de rejeição, mas de reação a um assunto que é desconfortável para a maioria dos homens. Na verdade, a maneira como a mulher lida com essa reação, que em geral lhe soa como absurda, costuma ter grande influência sobre o futuro da relação. Pode determinar se o homem termina o relacionamento ou a pede em casamento.

A resposta que mais enfurece as mulheres – e que é freqüentemente dada pelos homens – é: "Na verdade, eu nunca pensei seriamente na questão do casamento" ou algo parecido. A grande maioria das mulheres que perguntaram aos namorados o que achavam do casamento e receberam essa resposta disse ter ficado surpresa, chocada, insultada, estarrecida e até irada. Muitas a interpretaram como: *Eu não amo você. E não quero casar, nem com você nem com ninguém. Estou fora.* Mais de uma centena de mulheres nos disse à saída de cartórios ter tido relacionamentos sérios anteriores que terminaram porque os namorados lhes disseram que nunca haviam pensado seriamente em casamento. Mas não foram as únicas a reagir assim. Entrevistamos várias mulheres de seus 30 e tantos a 40 e tantos anos que terminaram relacionamentos firmes ao ouvir de seus homens a resposta "Na verdade, eu nunca pensei em casamento". Uma atitude bastante inconseqüente.

Mesmo que alguns homens possam ter usado a resposta "Eu não tinha pensado nisso" para informar à mulher que não tinham a intenção de levar o relacionamento adiante, muito menos se casar com ela, não é esse, em geral, o significado dessa resposta. Na grande maioria dos casos, o homem está dizendo a verdade.

Eu sei que para a maioria das mulheres isso é quase impossível de acreditar porque estão acostumadas a pensar no casamento desde meninas. Muitas de nossas entrevistadas disseram estar planejando o seu casamento desde os nove anos de idade. Quando ouvimos, à saída dos cartórios, homens que haviam dito às suas noivas não ter pensado nunca em se casar, um terço afirmou não se lembrar de algo assim. Os outros dois terços se lembravam, mas a maioria não atribuía grande importância ao fato. Ao nos ouvir dizer que isso deixara suas noivas muito magoadas, a resposta típica foi: "Não foi essa a minha intenção. O que ela queria que eu dissesse? Que mentisse?"

Mais de 90% dos homens não viam essa resposta como uma recusa; era apenas um fato. Quando falamos com as mulheres, a maioria ainda estava convencida de que essa resposta era um "não". Quando lhes expliquei que não era, a maioria reagiu com incredulidade. Disseram: "Como ele podia não saber? Eu passei meses fazendo insinuações", ou "Ah, sem essa, eu não acredito que ele seja lerdo a esse ponto".

Se o seu parceiro mora sozinho, divide apartamento ou costuma se juntar com outros homens, eu posso lhe garantir que o tema do casamento quase nunca vem à baila. E, quando vem, é tratado num tom de deboche tipicamente masculino: "Quem? Eu? Precisando de patroa?" Não é um tema que agrade particularmente ao sexo masculino. Mesmo que o homem que você esteja namorando more na casa dos pais, a não ser que ele tenha irmãs em idade de se casar, o assunto provavelmente nunca foi muito discutido. Se foi, deve ter sido entre as irmãs e a mãe, e de preferência quando ele não estava presente.

A melhor réplica da mulher que recebe esse tipo de resposta é: "Eu acho que está na hora de você começar a pensar no assunto." É hora também de você fazer insinuações menos sutis. Os homens não são criaturas sutis, e eu sempre tenho de lembrar às mulheres que elas não podem esperar que eles pensem da forma como elas pensam. Os homens não vêm de Marte, nem as mulheres são de Vênus. Os sexos estão muito mais distantes um do outro do que isso.

Talvez você esteja se perguntando por que é necessário dizer uma coisa tão simples como "Eu acho que está na hora de você começar a pensar no assunto". Ao conversar com homens que saíam de cartórios onde foram dar entrada nos papéis para o casamento, descobrimos que num período de até quatro meses depois da resposta "Eu nunca tinha pensado nisso" uma porcentagem substancial dos homens pediu a mulher em casamento. A bem da verdade, estatisticamente essa é uma das respostas mais promissoras que a mulher pode receber.

Vejamos o caso de Tom. Não lhe ocorreu que sua descuidada observação – "Eu nunca tinha pensado seriamente em me casar" – pudesse magoar a mulher por quem estava apaixonado. Ele namorava Beth havia quase um ano e meio quando, no cinema, pouco antes de o filme começar, ela se virou e perguntou se ele já havia cogitado de eles se casarem. As luzes diminuíram e os trailers começaram no momento em que ele respondeu que não.

Sua versão dos cinco minutos seguintes foi bastante diferente da dela. Segundo Tom, depois que Beth fez a pergunta e as luzes baixaram, ele começou a pensar na coisa. E em menos de cinco minutos chegou à conclusão de que era uma grande idéia e disse: "Vamos, sim. Vamos nos casar." Tom disse que, ao se virar para olhá-la nos olhos, viu que ela estava chorando. Quando lhe perguntamos por que, em sua opinião, ela estava triste, ele disse: "Ah, você sabe como são as mulheres. Eu lhe dei um abraço e um beijo e voltei a assistir ao filme."

A versão de Beth era totalmente diferente. Disse que se sentiu rejeitada e começou a chorar no momento em que ele disse que nunca havia pensado em se casar com ela. Estava a ponto de se levantar para ir embora quando ele disse: "Vamos, sim." Ao lhe contarmos o que ele nos relatara, ela reagiu: "Tom é um cara legal e eu o amo – mas às vezes é absolutamente lerdo."

O que significa "não estou preparado"

A segunda resposta mais comum, e que as mulheres também interpretam como negativa, é "Eu ainda não estou preparado". O homem pode estar em idade de se casar e, ainda assim, simplesmente não se sentir pronto para esse compromisso. Mas se já saiu da faculdade há muito tempo, se está empregado e ganha o suficiente para sustentar uma família, essa resposta não é um bom sinal; há uma boa chance de que essa resposta signifique "Não". Mas existem chances mais ou menos iguais de que se trate apenas de uma reação de impaciência. A primeira coisa que a mulher deve perguntar é: "Por que você não está preparado?" É uma pergunta bastante razoável, cuja resposta poderá esclarecer a posição dele.

Várias mulheres tinham noivos que disseram não estar prontos quando o assunto foi ventilado pela primeira vez. A maioria delas perguntou por que e em muitos casos o problema se resolveu por si mesmo. Uma jovem que entrevistamos perguntou ao homem que já namorava havia quase um ano por que não estava preparado. Ele lhe disse que não achava certo onerá-la com a sua dívida de crédito educativo. Ainda devia 17 mil dólares ao Tio Sam.

Ele planejava pedi-la em casamento três meses depois que pagasse a última parcela do empréstimo, tempo que acreditava ser suficiente para economizar para as alianças. Quando ela perguntou quanto tempo isso tudo ia levar, ele deu uma data precisa. Era óbvio que havia pensado na questão. Calculou que, a 500 dólares por mês, precisaria de 34 meses para quitar o empréstimo e comprar as alianças. E ficou encantado quando ela lhe disse que não estava a fim de esperar quase três anos e que ficaria feliz em ajudá-lo a pagar a dívida do crédito universitário. Essa conversa aconteceu seis semanas antes de os encontrarmos à saída do cartório.

As respostas que as mulheres recebiam ao perguntar aos namorados por que não estavam preparados para casar iam do rotineiro ao estarrecedor. Um homem de Nova York disse ter assinado, um ano antes, um contrato de três anos de aluguel de um pequeno apartamento de sala e quarto. Apesar de convencido de que não dava para morarem os dois ali, ele estava preso ao contrato e não podia arcar com um segundo apartamento. E o que era pior, o contrato não permitia sublocação. Ele até já conversara com um advogado sobre a possibilidade de rescisão, mas o advogado foi reticente. Pois a noiva foi morar com ele na semana seguinte à conversa que tiveram sobre o assunto, e no mês subseqüente eu os encontrei na porta do cartório dando entrada nos papéis de casamento.

Alguns homens têm problemas realmente insuperáveis. Quando Julie me falou sobre seu ex-namorado Ed, eu achei a história tão incrível que pedi para contactá-lo. Ele confirmou. No momento em que Julie perguntou a Ed o que estava esperando para pedi-la em casamento, ele explicou calmamente que não podia fazê-lo antes de sua mãe morrer. Disse que, como ela tinha problemas de locomoção, ele tinha de fazer as suas compras. Além disso, como ela costumava precisar de ajuda no meio da noite, se ele morasse longe da mãe teria de ir à casa dela várias vezes por semana. Essa história enlouqueceu Julie, que alguns meses antes estivera no aniversário de 63 anos da mãe de Ed e a encontrara gozando de ótima saúde. Para apaziguá-la, ele disse que topava se casar se ela viesse morar com a mãe dele. Alertou, porém, que não era uma oferta definitiva, pois teria primeiro de pedir permissão à mãe para se casar e depois perguntar se eles poderiam morar na casa dela.

Na conversa que tivemos, Ed disse que ficou feliz por Julie ter dito não. Ed achava que Julie não iria se dar bem com a sua mãe – nem com a sua avó, que também morava na casa.

A maioria dos homens é mais razoável: quando diz que não está preparado é porque não tem dinheiro suficiente. Ao conversarmos, à saída de cartórios, com homens que em dado momento deram essa resposta às suas futuras esposas, eles disseram que casar mais cedo teria criado dificuldades financeiras. Foram quase unânimes em assinalar que, uma vez casados, passavam a ser responsáveis pelo sustento de suas esposas e filhos. E que, apesar de todas as mudanças legais voltadas para eliminar as desigualdades entre os sexos, em caso de divórcio os juízes sempre decidem que os homens têm de pagar pensão.

A maioria dos homens acredita que a mulher, ao se casar, não assume o mesmo tipo de compromisso que o homem. A maioria delas discorda, algumas até com veemência. Mas o fato é que os homens acreditam nisso e não adianta discutir, porque as suas atitudes, ou a falta delas, na maioria dos casos são ditadas por seu jeito de ver o mundo. Os homens que pensam assim acreditam verdadeiramente que "Eu ainda não estou preparado" é a única resposta responsável que podem dar. Como, em muitos casos, isso indica que ele é uma pessoa honesta, você não deve desprezá-lo automaticamente.

Dizer que não está preparado pode ser também um artifício para adiar a discussão do casamento. Muitos homens utilizam-no com essa precisa finalidade. Portanto, quando você perguntar a um homem por que ele não está preparado, observe se ele está se recusando a discutir o assunto. Se ele está em idade de se casar, você deve colocar um pouco de pressão diplomática em cima dele. Mas, antes de começar, assegure-se de que ele pensou na resposta que lhe deu. As mulheres costumam pensar no que dizem – e depois pensar bastante no que foi respondido. Os homens geralmente não, e conseqüentemente dizem coisas que não queriam dizer e de que mais tarde se arrependem.

Se ele disser que não está preparado, descubra se era isso mesmo o que ele queria dizer e volte ao assunto depois de alguns dias. Talvez você chegue à conclusão de que não era essa a resposta que ele gostaria de ter dado. Sob a pressão do momento, os homens costumam dizer certas coisas quando queriam dizer outras. Mas, se "Não estou preparado" for a resposta dele e você resolver dar-lhe um ultimato, a maneira de você entrar no assunto influenciará o modo como ele irá responder. Antes de chegar ao estágio do "dá ou desce", assegure-se de ter entendido a resposta dele.

Um homem que encontramos dois minutos depois de dar entrada nos papéis de casamento tinha dito "Não estou preparado" à sua noiva três semanas antes. Felizmente, ela teve o bom senso de perguntar por quê. Ele explicou que tinha resolvido sair do seu apartamento de solteiro e comprar uma casa que tivesse um quarto para o filho dela, de cinco anos de idade, antes de pedi-la em casamento. Um outro senhor disse não estar absolutamente rejeitando a sua noiva ao lhe dizer que seu trabalho como gerente de soluções de sua empresa o obrigaria a viajar toda semana durante os nove meses seguintes. Ele achava que não devia se casar enquanto tivesse de trabalhar fora da cidade uma parte considerável do tempo: não seria justo para com a esposa. Um terceiro homem disse achar que seu salário não era suficiente para sustentar a esposa, mas que estava procurando um emprego mais bem remunerado. A mulher que estava namorando lhe deu um fora sem nem conversar sobre seu problema e como ele imaginava resolvê-lo. Eu o encontrei um ano e meio depois saindo de um cartório de Nova York com a mulher com quem começou a sair logo depois de ter sido chutado. Acabara de começar a trabalhar no corpo de bombeiros.

O ultimato

Existem muitas formas de dar um "dá ou desce" num homem. O método menos eficaz é desafiá-lo – *ou você faz tal coisa, ou eu faço aquilo*. A maioria dos homens reage negativamente a desafios diretos. Eles não gostam de ser pressionados, muito menos pela própria mulher. Se você levar um homem às cordas, na maioria dos casos a resposta dele não será positiva. Se você disser a um homem que vai começar a procurar outra pessoa, a maioria lhe dirá para ir em frente, e a relação se autodestruirá. Depois de entrevistar centenas de mulheres que ouviram o que tomaram como um não e o transformaram num sim, eu me convenci de que a abordagem indireta é de longe a melhor.

A abordagem indireta mais comum é deixar passar o momento emocional. Volte ao assunto quando seu namorado tiver saído da defensiva. Uma gerente de vendas sugeriu escolher um momento em que ele esteja de bom humor. Quando voltar à questão, diga-lhe diretamente que sua resposta a deixou triste e aborrecida, porque você achava que a relação estava indo a algum lugar. Se não obtiver resposta, você poderá então acrescentar que se sente obrigada a pensar seriamente na relação. Não diga que mudou de idéia a respeito de deixá-lo se ele disser não. Deixe claro que você não o está desafiando, mas somente informando-o de que não achou a resposta dele satisfatória. Depois de indicar que você pode vir a deixá-lo, esqueça o assunto. Dê-lhe tempo para pensar no que ouviu.

As mulheres em vias de se casar com quem conversamos mandaram os homens pensar no futuro da relação porque elas queriam ter marido e filhos. Depois de lhes dizer o que queriam da vida, pararam de pressionar. Em alguns casos, isso funcionou. Quando não funcionou, elas insinuaram que, se eles não podiam lhes dar o que queriam, elas se veriam compelidas a procurar alguém que pudesse. Quase todas as mulheres acrescentaram que sua expectativa era passar a vida com ele, que queriam que ele fosse o pai de seus filhos, que o amavam e que ficariam arrasadas por perdê-los e assim por diante.

A maioria das mulheres que transformou um "Eu não estou preparado" ou um "Eu acho que nunca vou me casar" num "Sim" enviou ao homem uma mensagem decisiva:

Eu te amo, mas preciso me casar.

O cerne da mensagem dizia que elas realmente gostavam de seus namorados, mas não se deixariam empurrar com a barriga. E disseram algo como "Estou muito triste por você não gostar de mim a ponto de se casar comigo". Quase todas as mulheres ficaram muito aborrecidas e o demonstraram.

Claro que eu não recomendo que se o seu namorado disser que nunca pensou em casamento você comece a atirar as coisas dele pela janela ou lhe dê um soco no nariz. Mas acho, sim, que você deve lhe dizer o quanto ele a magoou e ofendeu. Não deve restar na cabeça dele, ao final da conversa, nenhuma dúvida de que você está arrasada. A diferença entre as mulheres que transformaram tal resposta num sim e as que a aceitaram foi que as primeiras reagiram de maneira apaixonada e inequívoca. Todas pareceram ter se fixado nos mesmos dois pontos:

- "Como você pôde fazer isso comigo? Você me magoou."
- "Eu só estou magoada assim porque te amo."

Muitas e muitas mulheres entrevistadas à saída dos cartórios enfatizaram esses dois pontos. Eu não lhes diria que isso sempre produz o resultado desejado, mas foi a reação mais comum entre as mulheres em vias de se casar. Mulheres apaixonadas ficam emotivas quando os homens que amam as decepcionam, reação a cuja força e sinceridade muitos deles reagem positivamente. É um caminho para se conseguir um sim.

Procurando o amor em outros lugares

Há uma outra forma de responder ao homem que diz que não quer – ou que não está preparado para – se casar com você. É simplesmente não dizer nada e começar a procurar em outro lugar. Nós falamos, à saída dos cartórios, com várias mulheres que fizeram exatamente isso, inclusive algumas que já viviam com seus namorados. Cerca de 12 daqueles que as acompanhavam disseram ter percebido que elas os estavam deixando ou pensando em deixá-los. Tudo começou quando suas parceiras começaram a chegar tarde em casa. Depois começaram a comprar roupas novas, a emagrecer e a sair à noite com as amigas. Convencidos de que elas estavam tentando substituí-los, decidiram lhes propor casamento.

Com certeza houve casos de homens que romperam o relacionamento ao perceberem que suas parceiras estavam procurando outros caras. Este é um risco que as mulheres correm.

As mulheres que saíam dos cartórios relataram algumas das respostas masculinas à discussão sobre o casamento: "Agora não", "Eu não quero falar sobre isso", "Casamento não é a minha praia", "Eu preciso do meu espaço", ou simplesmente "Tchau". Duas ou três semanas depois, esses mesmos homens passaram a sentir tanta falta de suas namoradas que as pediram em casamento.

Um bom exemplo é o de Jeff e Sarah. Eles estavam saindo juntos havia dois anos quando Jeff levou Sarah ao casamento de sua irmã. A cerimônia aconteceu às dez e meia da manhã e a recepção só começou lá pelas duas da tarde. Enquanto os noivos tiravam as fotografias, a maior parte dos convidados saiu para tomar uns drinques. Ao chegarem à recepção, Sarah virou-se para Jeff e perguntou: "Você já pensou na possibilidade de a gente se casar?"

A resposta que ouviu foi, palavra por palavra: "Eu nunca tinha pensado nisso." (Jeff não concordou com essa versão.)

Jeff foi buscar um drinque e, quando voltou, Sarah tinha ido embora. Ele saiu a procurá-la, mas ela havia desaparecido. Ao telefonar para o apartamento dela, Sarah atendeu, mas desligou o fone na cara dele. Jeff continuou tentando, mas ela desligava o telefone imediatamente. Quando começou a dar ocupado o tempo todo, concluiu que ela deixara o fone fora do gancho. Depois de passar mais uma ou duas horas na recepção de casamento da irmã, Jeff se dirigiu ao apartamento de Sarah. Estava na portaria quando dois policiais se aproximaram: ela não queria Jeff batendo na sua porta. Eles o aconselharam a ir embora.

Além de continuar telefonando, Jeff voltou diversas vezes ao apartamento de Sarah na semana seguinte. Mas nem assim conseguiu entrar em contato com ela. A namorada só se dignou a falar com ele depois de receber uma aliança de noivado pelo correio com dois pedidos escritos, um de casamento e outro de desculpas. Quando entrevistamos Sarah, ela disse que ainda estava irada com a resposta que ele lhe deu na recepção.

Como ele ousara dizer, no casamento da própria irmã, que não estava nem pensando em se casar com ela? Depois de garantir que era adepta da não-violência, Sarah disse que chegou a pensar em lhe partir a cabeça com um vaso.

Mais de uma centena de homens e mulheres entrevistados à saída dos cartórios nos disse ter tido relacionamentos anteriores que evoluíram a ponto de se discutir a possibilidade de casamento. Na maioria desses casos, a primeira reação do homem ao tema foi negativa. E grande parte das mulheres respondeu a essas reações negativas dizendo-lhe: *"Case comigo ou vá se danar."* Mais da metade dos homens disse que, diante dessa escolha compulsória, o orgulho masculino os obrigou a se danarem. Assim, na maior parte dos casos, quando as mulheres os dispensavam, eles a deixavam ir. Partir para o confronto às vezes funciona, mas nem sempre.

Se tivesse uma fórmula para as mulheres saberem quando, ou mesmo se, devem dar um ultimato, eu a teria apresentado logo na primeira página. Infelizmente, não existem fórmulas que digam como lidar com os homens; eles são demasiado complicados e diferentes uns dos outros.

Em diversas ocasiões, entrevistamos e organizamos grupos de discussão com mulheres na faixa de 30 e tantos a 40 e tantos anos que não eram casadas e não acreditavam que fossem se casar. Uma das características dessas mulheres era estar há muito tempo em relacionamentos sem futuro. Quando o homem convence a mulher de que não há perspectiva de que o relacionamento evolua para o casamento, ela deve terminá-lo – isto é, se pretende se casar. Mulheres envolvidas em relacionamentos que "não vão a parte alguma" devem rompê-los o mais cedo possível, porque a cada ano as chances de virem a se casar diminuem sensivelmente. Em entrevistas com mulheres jovens saídas dos cartórios, uma coisa em que a maioria delas concordava era que, se a mulher estava num relacionamento que com certeza não evoluiria para o altar, o melhor a fazer era terminar.

Nos vários grupos de discussão que fizemos com noivas houve um consenso de que as mulheres que se deixavam ficar em relacionamentos sem futuro eram medrosas. Muitas disseram ser necessário coragem para fazer a coisa certa. Afinal, coragem é uma coisa que se precisa ter para vencer neste mundo. Se você quiser vencer nos negócios, ou na vida, tem de ter peito para fazer o que tem de ser feito. Por outro lado, algumas dessas mesmas mulheres explicaram que é muito mais difícil para a mulher romper com o homem do que o contrário. Elas achavam que o vínculo afetivo da mulher é mais profundo, o que torna o rompimento com alguém de quem se gosta uma experiência bastante dolorosa.

Como grupo, porém, as noivas aconselharam as mulheres presas a relacionamentos sem futuro a rompê-los imediatamente. E quanto mais cedo melhor. Quanto mais se adia, mais difícil fica. Uma delas colocou a questão de um modo bastante curioso. Disse que estar com alguém é como cavar um buraco: quanto mais se cava, mais fundo fica e mais difícil é sair dele.

Muitas mulheres que desejam se casar acabam sendo as piores inimigas de si mesmas, seja por permitir que os homens as embromem, seja por embromar a si mesmas com falsas expectativas. Se depois de tomar algumas medidas razoáveis para fazer com que o homem lhe proponha casamento você se convencer de que ele nunca o fará, é provável que esteja certa. Ainda que ele venha a se casar com outra pessoa depois de romper com você, não duvide de seu julgamento: os motivos pelos quais um homem se casa com uma mulher e não com outra são muitos. Pode ser que as circunstâncias da vida dele o tenham impossibilitado de se comprometer com você; ou que ele não estivesse de fato preparado – emocional, financeira ou cronologicamente – para o casamento; ou que o momento não fosse adequado; ou que estivesse convencido de que o casamento não ia dar certo; ou qualquer outra dentre centenas de razões que desafiam a lógica.

Uma vez convencida de que o seu relacionamento não está indo a parte alguma, você deve se fazer duas perguntas: Será essa relação tão satisfatória que eu prefiro ficar assim a tentar encontrar alguém que se case comigo? Se a resposta for sim, você deve se fazer a segunda pergunta: Dado que ele nunca se comprometerá com o casamento, quais são as chances da nossa relação durar 5, 10 ou 20 anos? Dentre as mulheres não casadas de 30 e tantos e 50 e tantos anos que entrevistamos, várias disseram preferir ficar com o seu parceiro mesmo sabendo que não iriam nunca se casar, na certeza de que o teriam para sempre. Na maioria dos casos, essas mulheres tomaram tal decisão quando ainda eram jovens o bastante para andar pelo circuito dos solteiros e tinham, portanto, mais facilidade para encontrar um pretendente. O problema é que muitos homens desses relacionamentos longos acabaram deixando a mulher por outra mais jovem.

O casamento continua sendo a fórmula mais eficaz para relacionamentos melhores e mais duradouros. As chances do homem se casar são muito maiores depois que ele considera todas as possibilidades. Mas, como ele dificilmente fala em casamento, você deve primeiro fazê-lo falar se quiser que ele pense no assunto.

Mudanças de planos

Nós nos deparamos com um número realmente pequeno de homens que mudaram de idéia depois de dizer sim – ou de praticamente dizer sim. A maioria o fez por duas razões. A primeira, ter falado sem pensar. Disseram ter mudado de idéia depois de ter tido tempo de refletir sobre o assunto. Alguns afirmaram ter assumido o compromisso depois de beber umas e outras; quando o efeito passou, perceberam que haviam cometido um erro. Contudo, um número igual de homens que romperam relacionamentos depois de dizer sim nos disse que as mulheres interpretaram "A idéia me atrai" como significando "Vamos marcar a data". Ou que elas agiram como se "Agora que assumiu o compromisso, você é meu". Ou "Não precisa dizer mais nada; tudo o que você tem a fazer é ficar por perto". Eles se assustaram, principalmente porque as mulheres começavam a tirar essas conclusões assim que as palavras lhes saíam da boca. Quando entrevistados à saída de cartórios, esses homens, agora em vias de se casar com outras mulheres, reconheceram em sua maioria que talvez tivessem se casado com a primeira se ela não os tivesse atropelado. Portanto, o que quer que você faça:

Se o homem disser que acha atraente a idéia de casar com você, dê-lhe algum tempo antes de discutir o casamento e o futuro de vocês.

Não existe fórmula para propostas de casamento. Histórias que dão conta da felicidade do casal ao tomar a decisão são quase tão numerosas quanto os casais que as contam. Trago aqui algumas delas para lhes dar uma idéia das várias maneiras como as pessoas tomam a decisão de se casar. Alguns casais estavam tão determinados a fazê-lo que, já no momento em que discutiram pela primeira vez o assunto, tudo foi planejado passo a passo com o rigor de uma campanha militar. Outros pareceram ter chegado ao casamento por acaso. Na maioria dos casos, porém, o que houve foi uma combinação de acaso e planejamento.

O que a maioria dos casais tinha em comum era saber desde o começo para onde estavam indo. Um caso que me vem à mente é o de Charles e Lisa, que encontramos à saída de um cartório de Boston. Eles nos disseram ter falado pela primeira vez em se casar duas ou três noites antes, sentados no carro em frente à casa de Lisa. Ela já ia entrar quando ele disse, despreocupadamente, que gostaria de se casar com ela. Na cabeça dela, aquilo não era um pedido de casamento; ele não chegara a assumir um compromisso de verdade. A seu ver, ele apenas especulara que eles formariam um belo casal. Ela tinha certeza de que eles iriam se casar, mas estava à espera de um pedido formal. Charles, porém, achava que a havia pedido em casamento, e, uma vez que ela não dissera nada em contrário, supôs que a proposta fora aceita. Conseguiu um dia de folga para darem entrada nos papéis e comprarem as alianças. Quando os encontrei, na saída do cartório, às 11 horas da manhã, Charles disse que responderia às minhas perguntas, mas eu teria de correr, pois estava com o dia cheio: um almoço romântico, um programa à tarde e uma comemoração à noite. Esse é um casal atípico. O homem fez as suposições e tomou quase todas as providências. Mas tal como os outros casais dessa categoria, eles sabiam estar a caminho do altar desde o momento em que o assunto foi ventilado.

Toda enrolada

Ainda que poucos casamentos sejam cancelados porque os noivos não se entendem em relação aos planos para a cerimônia, isso de fato acontece. Ao conversarmos com pessoas que romperam depois de noivar, três coisas ficaram claras. Primeira, os homens que romperam com suas noivas não lhes deram nenhuma colher de chá, no sentido de entender que uma jovem que nunca planejara nada maior do que uma festinha para os amigos estava agora tendo de organizar uma grande cerimônia. Um casamento exige reais habilidades gerenciais, o que a maioria das noivas não tem. Toda enrolada e submetida a uma enorme pressão, a mulher pode ficar um tanto agressiva e até irracional.

Segunda, a noiva esquece por que está se casando com o homem e começa a tratá-lo mal, ou pior, a ignorá-lo.

Terceira, um ou os dois começam a suar frio sem ter ninguém para lhes explicar que a maioria dos noivos e noivas tem seus momentos de dúvida.

Depois de conversar com centenas de casais recém-casados e alguns que não conseguiram chegar ao altar, eu concluí que os casais devem se prevenir para as inevitáveis brigas, discussões acaloradas e pavores que tendem a acontecer nesse período tão estressante. Antes de começar, eles devem fazer um acordo de não deixar que esse tipo de coisas atrapalhe o objetivo maior de celebrar o casamento.

Verdades estatísticas sobre o casamento

- Mulheres que discutem casamento pelo menos sabem em que pé as coisas estão.
- Homens que discutem casamento são mais propensos a pedir a mão da mulher.
- Se você quiser discutir casamento, é provável que tenha de levantar a questão, porque a maioria dos homens nunca o fará.
- Mais de 73% das mulheres que saíam dos cartórios onde deram entrada nos papéis de casamento fizeram pressão sobre seus namorados para conseguir que eles lhes pedissem a mão.
- A mulher que está convencida de que o casamento é essencial para a sua felicidade tem mais chances de se casar.
- O homem que está convencido de que ser casada é essencial para a felicidade da mulher é mais propenso a pedi-la em casamento.
- Quando o homem que namora uma mulher há meses diz que nunca pensou em casamento, são boas as chances de que esteja apenas sendo sincero.
- Em geral os homens não captam insinuações sutis – a mulher tem de discutir o casamento diretamente e, para ter certeza de que ele entendeu a questão, fazer perguntas de acompanhamento.
- Quando o homem diz que não está preparado para se casar, em geral está se referindo ao momento e não dizendo que nunca se casará.
- Os homens raramente reagem de maneira positiva quando desafiados.
- As mulheres são muitas vezes as piores inimigas de si mesmas.

6 Casamento depois dos 40

Na década de 1980 foi publicado um estudo que afirmava que uma mulher americana de 40 anos tinha mais probabilidade de ser morta por terroristas do que de se casar.* (Este estudo foi feito antes de 11 de setembro de 2001, quando os ataques terroristas eram mais raros.) Na época, ele causou um grande rebuliço e foi o assunto do dia nos programas de entrevistas e bebedouros de escritórios. Assim que soube dele, peguei meu exemplar do Sumário do Departamento de Estatísticas dos Estados Unidos e descobri que quase 9% das mulheres que se casaram em 1980 tinham mais de 40 anos.

O valor e os resultados da pesquisa são questionáveis, mas, como mulheres solteiras na casa dos 40 anos realmente experimentavam uma tremenda dificuldade de encontrar homens elegíveis, elas estavam convencidas de que o estudo tinha um fundo de verdade. Algumas o aceitavam porque lhes dava uma boa desculpa para sair do circuito dos solteiros, no qual já vinham se sentindo pouco à vontade. Uma mulher explicou que a reação de sua irmã mais nova, solteira, foi tirar da cabeça a idéia de se casar. Disse que não se sentia mais obrigada a continuar freqüentando aqueles lugares idiotas. Essa mulher nos disse ter

* Esse estudo, publicado na *Newsweek* de 2 de junho de 1986, pelos sociólogos Neil Bennet e Patrícia H. Craig, de Yale, e pelo economista David E. Bloom, de Harvard, concluiu que as mulheres brancas de nível universitário nascidas em meados da década de 1950 tinham somente 20% de chances de se casar aos 35 anos de idade e que as de 40 anos, com ínfimos 6%, tinham mais chances de serem mortas por terroristas do que de se casar.

literalmente empurrado a irmã porta afora numa noite de sexta-feira. Ela explicou: “Eu não vou permitir que ela desista da vida enquanto houver uma chance real de encontrar alguém, porque acho que há.” Eu, que acabara de ler os números do censo sobre o casamento, concordei com ela.

Por outro lado, ainda que firmemente convencido de que a busca de um marido depois dos 40 não tem nada de vã, eu me sinto na obrigação de informar três fatos revelados pela nossa pesquisa:

- As chances de você encontrar um homem são menores do que quando você era mais jovem. Isto é um fato estatístico. O estoque de homens disponíveis diminui à medida que a mulher fica mais velha. Mas *ainda* existem homens elegíveis – portanto, leia até o final.
- Os homens mudam a sua maneira de ver o mundo à medida que vão ficando mais velhos. Prisioneiras do passado, algumas mulheres se decepcionam por esperar que os homens reajam a elas da mesma forma como reagiam quando elas tinham 20 ou 30 anos. É improvável que chovam homens na sua horta; para a maioria das mulheres de mais de 40, essa não é uma expectativa realista. A maioria das que têm namorados firmes começou a sair com eles como resultado de seu empenho. Depois que chegam aos 40, as mulheres devem ser mais pró-ativas, sair da passividade.
- A sorte é um fator a considerar. Mas, combinando suas chances de modo que elas joguem a seu favor, você pode fazer a sua própria sorte.

Mulheres de mais de 40 à procura de maridos disseram enfrentar três desafios:

- Primeiro, era difícil encontrar homens elegíveis.
- Segundo, elas achavam que todos os bons partidos já haviam sido pegos.
- Terceiro, os homens da sua idade estavam namorando e se casando com jovens de 20 e 30 anos, com quem não tinham condições de competir.

Nossos estudos, ao mesmo tempo que mostraram que tais desafios são em certa medida reais, nos ensinaram também que eles podem ser superados.

Como encontrar os homens

Não resta dúvida de que é difícil para mulheres de mais de 40 encontrar homens elegíveis. Na verdade, é difícil para a maioria das mulheres de mais de 36 anos encontrá-los, porque elas já não se movem com desenvoltura no circuito dos solteiros.

Nossas entrevistas com noivas de mais de 40 anos mostraram que a maioria delas, inclusive as que encontraram seus noivos de outras formas, achava que a melhor maneira de encontrar um futuro marido era através de amigos. Este é um dos grandes equívocos dessas mulheres. Sem dúvida, é assim que a maioria delas arranja casos – mas não necessariamente maridos.

Pelo menos 64% dos casos das mulheres de mais de 40 anos são homens que conheceram através de amigos, na maioria das vezes produto de arranjos, como jantares cuja única finalidade é reunir duas pessoas na expectativa de que se acertem e apresentações feitas no ambiente de trabalho.

O interessante é que, enquanto quase dois terços dos "casos" das mulheres de mais de 40 resultam de encontros arranjados, menos de um terço dos casamentos é conseqüência deles. E é fácil ver por quê. Quando um homem e uma mulher se encontram em atividades sociais não planejadas, eles se avaliam mutuamente, eliminando imediatamente as possibilidades indesejáveis e convidando para sair somente com os que apresentem boas perspectivas de relacionamento. Como não pode pré-avaliar parceiros de encontros "no escuro" e arranjados, a mulher precisa conhecer de quatro a seis homens para achar um que seja promissor.

Criando oportunidades de conhecer homens em ambientes sociais, você aumenta as suas chances de um encontro fortuito que resulte num relacionamento passível de levar ao casamento. Das mulheres de mais de 40 em vias de se casar, quase um terço disse ter conhecido seus noivos em situações sociais.

É mais fácil falar do que fazer

Essa é uma estatística surpreendente, porque são poucos os lugares onde pessoas de mais de 40 anos podem se encontrar. Os mais óbvios são os bares, onde no entanto a maioria das mulheres com quem falamos disse não se sentir à vontade. Não obstante, existem lugares como bares de hotéis, por exemplo, cujos freqüentadores tendem a ser solteiros e mais velhos. Cruzeiros e *resorts*, embora não tão acessíveis, também atendem a um público solteiro e mais velho. Uma agência de viagens que organizasse programas para homens e mulheres solteiros de 40 a 55 anos de idade faria muito sucesso. As pessoas que entrevistamos disseram que adorariam viajar a *resorts* onde as mulheres mais jovens tivessem por volta de 36 anos, e o homem mais jovem, por volta dos 40.

Mas até esses lugares aparecerem, o melhor lugar para encontrar homens são os clubes e academias de ginástica. Mas não quaisquer clubes. Como os solteiros de mais de 40 geralmente têm muito mais dinheiro do que os de 20 e poucos, o mais provável é que eles possam ser encontrados em clubes de gente rica. Entrar para qualquer clube com associados de classe média alta – um iate clube, um clube de tênis, um *country club* – provavelmente ajudaria. Mesmo que os sócios desses clubes sejam em sua maioria casados, com a taxa de divórcios de hoje em dia você há de encontrar homens elegíveis em quase todos eles.

No topo da lista, porém, estão as academias de ginástica. Aos 20 anos, a maioria de nós bebia demais, comia demais e caía na farra sem dar na pinta. Parecíamos sempre em forma apesar de nós mesmos. Essa é a vantagem da juventude. Quando ficamos um pouco mais velhos, começamos a engordar – e muitas vezes a ir a academias para tentar dar um jeito.

É por isso que 21% das mulheres de mais de 40 que encontramos com seus noivos nos disseram ter conhecido seus parceiros em lugares onde se fazem atividades voltadas para manter as pessoas em forma, como academias e clubes.

Depois de entrar para um clube e dar uma geral, talvez você conclua que cometeu um erro caso não encontre alguém imediatamente. Mas não desista. Pode até ser que você tenha entrado para o clube errado, mas não poderá ter certeza antes de freqüentá-lo em horários diferentes. Alguns clubes dão desconto para quem se associa por um período de experiência, o que lhe permite avaliar a clientela antes de fazer um grande investimento.

Encontramos muitas mulheres de mais de 40 que nos disseram ter entrado para clubes para se manter em forma. Só algum tempo depois de se associar foi que descobriram que havia solteiros mais velhos no clube também.

Entrando para a natação

O melhor exemplo é o de Joan, 46 anos, que desde os 40 já era sócia de um clube, onde fazia natação. Quatro vezes por semana ela nadava meia hora antes de ir para o trabalho. Era um ótimo exercício. A sua principal motivação para nadar era manter a forma.

Joan era uma mãe divorciada, com dois filhos homens adolescentes que tinham atingido aquela idade em que não queriam nem sair de férias nem falar com ela. Os garotos apenas grunhiam "tááá" e "nááá" quando ela tentava entabular alguma conversa. Ela se sentia só e por isso queria encontrar um companheiro. Contadora, entrara para várias organizações profissionais, mas disse que nunca havia pensado no clube de natação como um lugar para encontrar alguém especial. Um dia, porém, Joan deixou a bolsa no armário de manhã e passou no clube para pegá-la depois do trabalho. Como já estava lá, resolveu nadar naquela noite e dormir meia hora a mais na manhã seguinte. Depois de completar suas braçadas, sentou-se na beira da piscina para descansar.

Em menos de cinco minutos, Joan foi abordada por dois homens. Ela não sabia o que estava acontecendo; na verdade, aquilo a surpreendeu. Mas depois de conversar com algumas mulheres, caiu a ficha. Depois das oito, a piscina e o bar ficavam cheios de solteiros mais velhos. As mulheres se referiam ao lugar como o "mercado dos encontros", um ponto de solteiros de mais de 40 anos. A maioria dos sócios que trabalhavam de dia nadava de manhã ou depois do trabalho. Os casados iam para casa ficar com suas famílias, e os solteiros ficavam por ali ou chegavam mais tarde. Essa mulher sofisticada conheceu seu noivo na piscina, exatamente como duas de suas amigas encontraram seus maridos.

A experiência de Joan é típica sob vários aspectos. Ela conheceu o noivo num clube cujos sócios iam lá para se exercitar. Não sabia, quando entrou para o clube, que havia um grupo de solteiros e muito menos de solteiros mais velhos. E, por fim, o grupo de solteiros não era oficialmente ligado ao clube, mas uma reunião informal que acontecia numa dada hora, num dado lugar. Era como um clube dentro de um clube. Depois de entrevistar dezenas de mulheres que conheceram seus noivos em circunstâncias similares, nós começamos a prestar atenção nos clubes. Primeiro, observamos os de que nossas pesquisadoras eram sócias. Depois de descobrir que metade deles tinha o seu circuito de solteiros, acrescentamos a todos os nossos questionários perguntas sobre a participação dos entrevistados em clubes.

O que descobrimos foi:

- Clubes dedicados a atividades que atraem solteiros são o melhor lugar para encontrar homens elegíveis de mais de 40 anos.
- Os clubes desportivos atraem um grande número de solteiros, como clubes de tênis e de golfe.
- Outro bom lugar são as organizações sociais e profissionais cujos membros são majoritariamente homens, tais como associações de engenheiros, de contadores e de colecionadores de relíquias desportivas.

Faça-se guiar pelos seus interesses. Não deixe que a lista acima limite suas opções. Uma de nossas entrevistadas era uma ávida jogadora de bridge, que conheceu o noivo num torneio. Ela disse que havia anos não jogava a sério, mas como muitos homens disputam torneios resolveu sacudir a poeira. Entrevistamos também dezenas de mulheres que escolheram o golfe porque ajudava nos negócios – e acabaram descobrindo que, além disso, ajudava a conhecer homens. Elas nos disseram que, na maioria dos clubes de golfe, os homens são quase todos casados, mas observaram que sempre existem sócios solteiros.

Vá aonde estão os homens.

Molhando o bico no copo da empresa

Estatisticamente, o terceiro melhor lugar (depois das academias de ginástica e clubes) para as mulheres de mais de 40 conhecerem homens é o próprio trabalho. Não desanime se você nunca conheceu um homem nessas condições. A razão disso pode ser você estar tratando o ambiente de trabalho do modo como fazia quando tinha 20 anos. Muitas pessoas dessa idade, e algumas já na casa dos 30, nunca saem com ninguém do trabalho porque caem no conto amplamente difundido de que pode ser uma fonte de problemas e, portanto, não vale a pena. Se você acredita nisso, talvez seja bom rever seus conceitos.

Quando você chega aos 40, a dificuldade de encontrar homens elegíveis é muito maior. A maior parte das amigas que costumavam ajudá-la a conhecer homens solteiros está casada, e seus novos amigos geralmente são casais casados. É muito importante que você mantenha amigos e contatos na vida profissional. O motivo para se ter tais amizades não desaparece quando o outro se casa. Para começar, você deve procurar conhecer o máximo possível de pessoas em seu trabalho. Não se limite às pessoas do seu departamento ou da sua empresa. Procurar amigos no trabalho é um jogo em que todos ganham: é bom para a sua carreira ter contatos na sua empresa, no seu ramo de atividade e no âmbito dos seus clientes; e eles são um recurso de valor inestimável para você manter uma vida social ativa depois que suas amigas solteiras se casam.

Talvez haja no departamento ao lado alguém que você gostaria de conhecer e que também adoraria conhecer você. Se é este o caso, com toda certeza nenhum dos dois sabe que o outro existe e vocês jamais se encontrarão a menos que alguém se dê ao trabalho de apresentá-los. É por isso que é preferível ter amigas, em vez de amigos, em sua empresa ou ramo de atividade. Os amigos, mesmo quando ficam mais velhos, são muito menos propensos a dar guarida para as mulheres do que as amigas. Mais especificamente, eu diria que as pessoas mais propensas a apresentá-la a homens elegíveis são mulheres solteiras da sua idade e do seu nível social. Se você é engenheira, o mais inteligente é fazer um esforço para se relacionar socialmente com outras engenheiras, economistas e executivas solteiras. Você deve também fazer amizade com a maior quantidade possível de mulheres casadas:

elas são o seu segundo melhor recurso para encontrar homens no ambiente de trabalho. Os homens quase nunca ajudam as pessoas a se encontrarem.

Saia em campo

Uma das características das mulheres que se casam depois dos 40 é ter um grande número de amigas da mesma idade que se dispuseram a ajudá-las a encontrar homens. Essas associações extra-oficiais são muito bem-sucedidas em ajudar mulheres a manter ativa a sua vida social.

Isso é muito importante para quem pretende se casar depois dos 40. Mulheres dessa faixa etária que moram sozinhas e cuja rotina diária é sair para o trabalho de manhã, voltar para casa à noite, assistir à televisão e ir dormir sempre à mesma hora durante meses a fio têm poucas chances de encontrar alguém com quem gostariam de se casar.

- Mulheres que fazem questão de sair pelo menos duas noites por semana, mesmo que seja apenas para ir jantar com outras mulheres ou fazer algum trabalho voluntário, têm três vezes mais probabilidade de se casar do que as que ficam em casa.
- As que saem três vezes por semana têm mais probabilidade de se casar do que as que saem duas vezes por semana.
- Por alguma razão insondável, sair mais do que cinco noites por semana parece diminuir as chances da mulher de se casar. Talvez porque ela nunca esteja em casa para atender ao telefone.

Todos os homens interessantes já foram fisgados

A segunda queixa da mulher acima de 40 é: "Todos os homens interessantes já foram fisgados." O problema real é que elas ainda vêem os homens da mesma maneira que quando estavam no colégio: o homem ideal é o astro do time de futebol ou vôlei. Elas continuam a buscar homens altos, bonitos e cheios de cabelo na cabeça. Mas, à medida que envelhece, a maioria dos homens aumenta de peso e perde parte, senão a totalidade, da cabeleira e da beleza juvenil. As mulheres costumam dizer que os homens são frívolos e só se interessam pela aparência e que é por isso que se vê tanto homem de 45 anos procurando garotas de 20 e 30. Na verdade, muitas mulheres rejeitam homens mais velhos pelo mesmo motivo: eles não se encaixam na imagem do marido ideal que elas criaram na adolescência e cultivaram aos 20 anos. Infelizmente para elas, os homens se parecem cada vez menos com o marido dos seus sonhos à medida que envelhecem – alguns, aliás, nunca se pareceram. Toda vez que esse assunto era discutido, as mulheres negavam que a aparência do homem desempenhasse um papel tão importante em suas decisões. Mas, quando lhes perguntávamos se namorariam um homem alguns centímetros mais baixo, ou um que falasse os "s" com a língua entre os dentes, a maioria admitiu que teria problemas. As mesmas mulheres que garantiam estar seriamente à procura de homens interessantes acabavam admitindo que provavelmente deixaram passar bons candidatos por causa de defeitos menores, fossem físicos ou de sociabilidade.

Você não precisa desconsiderar os seus padrões nem rebaixá-los significativamente. Basta adotar outros mais realistas. Algumas das mesmas mulheres que desdenhavam dos homens por só ligarem para garotas bonitas se recusavam a sair com sujeitos pouco refinados, de gostos simples, que não se vestissem com elegância ou que não soubessem pedir vinho em restaurantes. É sabido que muitos solteiros de mais de 40 têm limitados predicados sociais.

Eu não estou aqui sugerindo que as mulheres se arranjem com homens que absolutamente não lhes convêm:

- Se o homem bebe demais, usa drogas ou nunca teve um emprego estável, não deve ser nem cogitado como um possível marido.
- Se o homem ainda mora com a mãe, talvez seja melhor esquecê-lo.
- Qualquer homem que tenha um dia ameaçado usar a violência física deve ser evitado como a peste.

Mas quando o único motivo da mulher para recusar um homem é ele não ter predicados sociais condizentes com os seus padrões, ela pode estar cometendo um equívoco.

Dezenas de nossos entrevistados admitiram que não eram lá grande coisa em matéria de refinamento quando conheceram suas futuras esposas, mas aperfeiçoaram seus predicados sociais em conseqüência de tê-las conhecido. Se o homem é uma pessoa essencialmente decente e que tem os mesmos valores que os seus, experimente sair com ele algumas vezes. Descubra se ele está disposto a aprender a se comportar da forma que a agrada. Muitos homens que entrevistamos disseram que ficariam felizes em adquirir um pouco mais de refinamento. Surpreendentemente, a partir de certa idade a maioria dos homens já não é tão sensível a críticas como na juventude. Os nossos entrevistados não só ouviram suas noivas e esposas como passaram a se orgulhar dos predicados sociais que aprenderam com elas. Era uma outra forma de apregoar o seu próprio bom discernimento na escolha da esposa.

Achando uma pérola num chiqueiro

Um clássico exemplo de mulheres que descartam homens rápido demais é o dessas três texanas. Elas moravam no mesmo edifício, duas num apartamento e a outra no fim do corredor. Uma era advogada, outra era chefe de relações públicas de uma loja e a terceira, superintendente da mesma loja. Elas se referiam ao apartamento em frente ao da advogada, onde moravam vários homens, como "o chiqueiro". Um dia em que a porta ficou aberta, uma delas deu uma olhada lá dentro e viu um monte de coisas espalhadas para todo lado. Essas três mulheres sofisticadas concluíram que eles não eram do tipo com quem nenhuma delas jamais sairia. Quando lhes perguntei o que as convencera de que aqueles homens eram uns fracassos, a única coisa concreta que mencionaram foi o fato de todos três saírem para trabalhar de calça jeans e boné de beisebol.

Contratado pela cadeia de lojas de departamento onde trabalhavam duas das três mulheres, eu dei duas palestras sobre meu livro *Dress for Success* (Vestida para o sucesso), uma para o público, outra para os funcionários da loja. Na parte de perguntas e respostas da palestra com os funcionários, eu usei a pesquisa sobre o casamento para ilustrar um problema. Mal acabara de mencioná-la, fui alvo de um bombardeio de perguntas, que interrompi sob a promessa de respondê-las todas depois da apresentação.

Depois de conversar comigo, as três texanas saíram para jantar. O papo girou sobre a pesquisa sobre o casamento. Sem muita convicção, elas decidiram baixar um pouco os seus padrões, uma vez que fariam 40 em menos de três anos. Meio na brincadeira, a advogada sugeriu que a única forma de testarem se isso daria certo era uma delas sair com um dos caras do "chiqueiro". Era brincadeira, mas fizeram uma aposta a sério. A primeira que saísse com um homem do "chiqueiro" ganharia 100 dólares das outras duas. Naquela mesma noite, cada uma pôs uma nota de 100 dólares dentro de um pote. Elas contaram que passaram meses rindo daquilo, sacudindo o pote na cara umas das outras. Os homens do "chiqueiro" tinham dado em cima de todas quando elas se mudaram para o apartamento. Rejeitados, deixaram de azará-las.

Dois meses depois, a contadora anunciou às amigas que em uma semana o dinheiro do pote seria dela, pois ia sair com um deles, que a abordara no elevador. Ao ser convidada para jantar, em vez de recusar sumariamente ela perguntou aonde iriam. Como ele mencionou um dos melhores restaurantes da cidade, ela resolveu aceitar. O que a deixou intrigada foi nunca ter visto o sujeito de paletó e gravata, que sabia serem obrigatórios naquele restaurante. Mas ele fora simpático, embora só tivessem se falado durante alguns minutos, e ela não queria constrangê-lo. Podia ter recusado educadamente o convite, mas sabia que se o fizesse perderia a aposta.

Ao chegarem ao restaurante, aconteceu uma coisa estranha. Ignorando a fila, o maître deu um abraço no seu acompanhante e o encheu de atenções dizendo: "Seu paletó e sua gravata estão à sua espera." E os conduziu a uma sala privada do restaurante, que ela não sabia existir.

Foi uma esplêndida ocasião. Agradável e divertido, ele a surpreendeu muito favoravelmente. De volta ao apartamento, ele lhe agradeceu a magnífica noite, deu-lhe um beijo educado e se despediu.

No dia seguinte, no trabalho, ela descobriu depois de algumas pesquisas que ele era dono de várias empresas de informática e detentor de várias patentes. Os fabricantes de computadores lhe pagavam para usar suas invenções. Além disso, ele e seus sócios desenvolviam computadores avançados para o Pentágono. Mais tarde soube que um dos homens que dividiam o "chiqueiro" com ele era seu sócio e o outro trabalhava com ele em vários projetos. O cara morava nesse apartamento porque ficava perto do seu escritório, mas tinha uma casa enorme num subúrbio chique, que comprara quando era casado, mas que raramente usava. Divorciado sete anos antes, era fácil pesquisá-lo – tudo o que ele havia feito estava registrado nas colunas sociais e nas páginas de negócios dos dois jornais locais.

Eu os encontrei quando foram buscar os papéis de casamento 14 meses depois. As duas amigas da mulher estavam saindo com homens que conheceram por intermédio dele.

Homens que saem com mulheres mais jovens

O terceiro problema de que as mulheres de mais de 40 se queixaram é o fato de os homens da sua idade quererem sair e casar com mulheres na faixa de 20 ou 30 anos. Há muita verdade nisso: nós vimos vários homens de 40 a 46 anos de idade em vias de se casar com mulheres na casa dos 20 e 30 anos.

A vida não é justa. Homens de mais de 40 têm mais opções do que mulheres da mesma idade. Homens de 20 e 30 geralmente se casam com mulheres dois a quatro anos mais jovens. Quando chegam aos 40, a diferença de idade costuma ser maior. Mas, em geral, os homens tendem a se casar com mulheres com idades próximas às suas e com quem têm interesses comuns. Interesses comuns são, pelo menos em parte, produto da idade.

Nossas pesquisas mostram que 90% dos homens acima de 45 se consideram velhos demais para o circuito dos solteiros. A maioria se sente pouco à vontade abordando mulheres de 20 e hesita em fazê-lo, a menos que a mulher sinalize por antecipação que está interessada. Além disso, quase a metade dos entrevistados de mais de 40 que namoraram, viveram ou foram casados com mulheres muito mais jovens disse que hesitaria em fazê-lo novamente. Eles nos revelaram que não se sentiam à vontade nesses relacionamentos porque as mulheres mais jovens aspiram a um estilo de vida muito diferente – ir a clubes, dar festas –, quando seus parceiros mais velhos preferem ficar em casa vendo TV. As mulheres que tinham relacionamentos com homens bem mais velhos se queixavam de que eles sentiam ciúme e faziam papel de bobo sempre que as viam conversando com homens mais jovens.

Quando mencionamos aos homens a questão do ciúme, muitos admitiram que isso é de fato um problema. Uma diferença substancial de idade cria tantas dificuldades que muitos casais que parecem a caminho do altar acabam nunca chegando lá.

É por isso que os homens, embora muitas vezes namorem mulheres muito mais jovens, geralmente se casam com alguém com idade próxima da sua.

Atraindo homens de mais de 40

Os homens são atraídos por coisas diferentes em idades diferentes. Quando perguntamos a homens de mais de 40 qual foi a primeira coisa que os atraiu em suas noivas, a resposta mais comum não foi a de que as mulheres que escolheram eram bonitas, atraentes ou donas de personalidades maravilhosas (como disseram os homens de 20 e 30), mas a de que elas se cuidavam. Como mais da metade dos homens que entrevistamos usou a palavra cuidar-se, nós lhes perguntamos por que isso é tão importante. Cinqüenta e cinco por cento disseram ter percebido que muitas mulheres da idade de suas noivas não se cuidavam. Eles queriam uma mulher que procurasse se manter em forma, controlar a silhueta e cuidar da aparência.

Um dos segredos para se casar quando se tem mais de 40 é ser esbelta ou atlética. Se você ganhou uns quilinhos, entre para uma academia – de preferência uma onde possa encontrar homens, mas de qualquer maneira uma academia onde você perca peso e se mantenha em forma.

É muito mais importante estar em forma quando se namora aos 40 anos do que quando se tinha 20.

E mais: se quando jovem era importante a mulher se vestir bem e se maquiar corretamente, depois dos 40 é muito mais. As mulheres dessa faixa de idade com quem os homens queriam se casar eram em geral muito bem produzidas. A grande maioria se vestia bem e cuidava do cabelo e da maquiagem.

As futuras esposas eram mais bem-vestidas e bem-cuidadas do que as mulheres que não se casaram. Na verdade, essa é uma das diferenças fundamentais entre as mulheres de mais de 40 que se casam e as que não se casam.

Atos de solidariedade

O interessante é que quando perguntamos aos homens na casa dos 20 anos se havia uma característica específica que mais os atraía nas mulheres com quem iam se casar, a maioria mencionou a virtude, o talento e as realizações. Quando fizemos a mesma pergunta aos homens de mais de 40, 62% nos surpreenderam dizendo que se sentiram atraídos por suas noivas antes de tudo por elas serem gentis, agradáveis, descontraídas e de fácil convivência. Sem que lhes fosse perguntado, muitos deram exemplos da gentileza de suas noivas para com eles ou outras pessoas.

Jimmy, um viúvo da Carolina do Sul, nos contou que, no primeiro encontro com sua futura noiva, eles caminhavam pela rua quando viram uma mulher levando pela mão duas crianças aos berros, além de vários pacotes. Depois de pedir licença, sua então namorada ajudou a mulher a levar as coisas até o carro e a prender uma das crianças no assento. A mulher agradeceu, mas de um modo um tanto brusco. Ao comentar que a mulher não se mostrara lá muito educada ou agradecida, Jimmy ouviu a namorada perguntar se ele havia reparado bem no rosto daquela mãe. Se tivesse, disse ela, teria notado que ela estava tremendamente estressada. Jimmy ficou tão impressionado com a bondade e sensibilidade dela que, pela primeira vez desde a morte da esposa, seis anos antes, pensou que talvez voltasse a se casar.

Vários homens nos revelaram que as mulheres que mais tarde se tornaram suas noivas cuidaram deles quando adoeceram. Frank, um sujeito que entrevistamos em Phoenix, disse que Dina ficou duas noites cuidando dele por causa de uma gripe. Foi cerca de um ano antes, quando fazia dois meses que eles estavam saindo juntos. Frank telefonara para Dina para cancelar o programa marcado para a noite seguinte porque não estava conseguindo nem sair da cama. Como não esperava vê-la até ficar bom, Frank levou um susto quando Dina apareceu, às sete e meia da manhã, trazendo suco e refrigerante. Tirou-o da cama, ajudou-o a deitar no sofá, trocou o lençol, colocou-o na cama outra vez e saiu para trabalhar. Retornou de noite com uma sopa e trocou novamente o lençol para que ele se sentisse mais confortável. Antes de sair, trocou o lençol uma vez mais. Levou consigo os lençóis sujos e apareceu no dia seguinte trazendo-os lavados e dobrados. Nas palavras dele: "Ela trouxe sopa, suco de fruta e lençóis limpos por três dias." Disse que nunca na vida fora tratado com tanto carinho e lhe jurou: "Eu vou me casar com você." Ela respondeu que gostava muito dele, que ele era um cara bacana, mas que já fora casada e não queria voltar a sê-lo. Dez meses depois, eu os encontrei a caminho do cartório em Phoenix.

Homens maduros costumam se impressionar com mulheres que são boas e atenciosas com eles. Muitos namoraram, viveram ou se casaram com mulheres que não eram nem boas nem atenciosas, experiência que lhes ensinou que decência é mais importante do que beleza. A gripe de Frank foi típica. Ele fora casado com uma mulher muito bonita e talentosa, mas que nunca se esforçara para ser boa esposa. Frank nos disse que ela queria ser tratada como princesa o tempo todo. E acrescentou que, por mais bonita que seja, nenhuma mulher vale a obrigação de paparicá-la, razão pela qual ele a deixou. Aí, quando uma mulher que só conhecia havia dois meses se empenhou tanto em ser boa para ele, não pôde mais deixá-la.

O que mais impressionou quase todos esses homens não foi a mulher agradá-los e sim demonstrar carinho por eles. Ralph e Gina, um dos casais mais bem de vida que conheço, tinham apenas dois anos de casados quando os entrevistei em Nova York. Antes de se casar, Gina morava e trabalhava no subúrbio e só ia a Nova York nos fins de semana. Seis meses depois de começarem a sair juntos, ela vinha quase todo fim de semana e ficava no apartamento de Ralph na cidade. Quando chegou o aniversário de Gina, ele foi à Tiffany e lhe comprou um colar de pérolas. Como nunca a vira usando um, achou que era porque não tinha. No dia do aniversário, levou-a a um bom restaurante e lhe presenteou o colar. Ela agradeceu, colocou-o no pescoço e usou-o em casa naquela noite.

Na manhã seguinte, Gina disse que queria sair com Ralph para o café da manhã, mas primeiro faria umas compras. Levou-o à Tiffany, entregou-lhe o colar de pérolas e disse para ele pedir o dinheiro de volta, porque ela já tinha um. Surpreso, ele devolveu o colar. Aí Gina falou que ele não estava livre: ela ainda queria um presente de aniversário. Ralph ficou aborrecido, porque imaginou que ela ia escolher alguma coisa ainda mais cara do que o colar. Apesar de gostar realmente de Gina, Ralph achou que ela estava sendo um tanto inconveniente. Ela o pegou pela mão e saiu com ele pela Tiffany. Ele temia que ela fosse parar em todos os balcões. Em vez disso, porém, ela saiu pelo outro lado da loja e subiu a Avenida Madison quase um quilômetro e meio até uma loja de máquinas de café expresso. Disse que queria uma máquina de café de presente porque Ralph se queixara de que a dele fazia um expresso muito grosso, mas que jamais compraria uma nova.

Ralph nunca havia revelado a Gina o quanto ela o impressionara ao trocar um colar de pérolas por uma máquina de café expresso para eles dois. Atônita, Gina quis saber por que isso o impressionara tanto. Ralph disse, então. "Eu não sei bem, mas o que pensei foi: *Essa mulher gosta realmente de mim. Seria tolice da minha parte achar que meu dinheiro não teve nenhum papel na atração que ela sentiu por mim, mas com certeza não é tudo o que ela quer.*"

Ricos ou pobres, todos os homens se impressionam com ações que demonstram como uma pessoa sente carinho por eles. E isso é particularmente verdadeiro para os homens de mais de 40.

Estilos de vida compatíveis

O estilo de vida significa muito para homens de mais de 40. A maioria tem hábitos já arraigados. Se os seus predicados sociais não se ajustarem ao estilo de vida dele, o mais provável é que ele acabe arranjando outra pessoa. Mesmo achando que muitos homens solteiros de mais de 40 carecem de predicados sociais, você há de encontrar muitos que são extremamente bem-sucedidos e familiarizados com as altas-rodas.

Homens que se casam depois dos 40 esperam que suas esposas se deem bem com seus amigos e parceiros de negócios. Eles raramente se casam com mulheres cujo estilo ou comportamento consideram impróprio. Essas qualidades são importantíssimas para o homem estabelecido na vida. Ele se dispõe a colocar uma mulher em sua vida, mas dificilmente trocará a sua vida por uma mulher.

A etiqueta, sempre importante, torna-se ainda mais importante à medida que ele fica mais velho. Leia. Pratique. Nunca é tarde para aperfeiçoar os seus talentos sociais.

Expresse os seus sentimentos

Se você pretende convencer um homem de mais de 40 de que é a mulher ideal para ele, a primeira coisa a fazer é deixar claro os seus sentimentos. Você deve lhe dizer com todas as letras que gosta dele, que o ama e que quer casar com ele. Não faça insinuações como se fosse uma mulher de 20 ou 30 anos; esses homens estão acima das insinuações. Eles esperam que as mulheres sejam diretas com eles. Isso é particularmente verdadeiro no que diz respeito a homens que já foram casados. Não quero dizer que você deve ser a primeira a dizer "Eu te amo" ou a assumir compromisso, e sim que, se você nutre um sentimento profundo pelo seu homem, deve ser clara.

Nós falamos com mais de uma dúzia de homens que, depois de vários anos se relacionando com as mesmas mulheres, ainda se perguntavam se elas realmente os amavam. Sempre que foi possível nós entrevistamos suas parceiras, e todas nos disseram que evidentemente os amavam e que eles sabiam disso. Muitos homens de mais de 40 são cautelosos e um tanto cínicos, por isso você tem de dizer e mostrar que o ama, às vezes repetidamente, até aquilo lhes calar no espírito.

Dinheiro é importante

Quando perguntamos a homens de 40, 50 e 60 que terminaram relacionamentos que pareciam estar indo a algum lugar qual fora o motivo do rompimento, a maioria respondeu: dinheiro. E nem sempre era por acharem que a mulher estava atrás da sua grana. O que levou muitos homens ao rompimento foi o fato de a mulher mudar de assunto toda vez que eles falavam em dinheiro. Isso os deixava nervosos. Várias das mulheres com quem falamos disseram que depois de alguns meses de namoro os homens começavam a querer discutir, em detalhes, as finanças delas. Muitas, principalmente as que já haviam sido casadas ou tinham recursos próprios, simplesmente se recusavam a fazê-lo. O irônico é que elas se perguntavam se os homens estavam interessados nelas ou em seu dinheiro.

É possível que alguns deles estivessem basicamente interessados no dinheiro. Mas quase um terço dos homens de mais de 45 anos entrevistados nos disse que, antes de se comprometer com um relacionamento sério, queria saber onde estava pisando. Achavam-se no direito de conhecer os ativos e os passivos da mulher e que ela, por sua vez, tinha o direito de saber o que eles tinham. Supondo que as duas partes estavam sendo sinceras, essas discussões deviam fortalecer, e não enfraquecer, o relacionamento.

Não há motivo para se pensar que o fato de um homem querer conversar sobre dinheiro significa que essa é a razão do seu interesse no relacionamento. Pode significar apenas que ele está sendo responsável. Ele há de ter bens e compromissos e precisa levar em conta o que a mulher aportará ao casamento antes de decidir o que vai fazer.

Essa informação é também muito útil para a mulher avaliar um marido em potencial. Entre pensão de ex-mulher, sustento de filhos e outros problemas financeiros, casar com o homem errado pode ser o caminho mais rápido para a pobreza.

Apressadinho

O segundo motivo mais comum, entre as mulheres, para terminar um relacionamento promissor é o homem assustá-la por querer ir rápido demais. Isso é um grande problema entre pessoas de mais de 40. Sair propondo casamento depois de dois ou três meses de namoro não significa que haja algo errado com o seu namorado. Cerca 15% dos homens de mais de 40 tentam apressar suas mulheres para casar. Se você está interessada nele, diga-lhe que os dois precisam de mais tempo para se conhecer melhor. A maioria dos homens abandonados pela mulher por lhe propor casamento no começo do relacionamento disse que teria esperado se assim lhe fosse pedido. Portanto, peça. Isso permitirá a você manter abertas as suas opções e a ele manter intactos seus sentimentos e seu auto-respeito.

Loucos para casar

Nós conversamos com 66 homens solteiros de mais de 40 anos que estavam loucos para se casar. Sessenta e um por cento admitiram se sentir nervosos e inseguros quando saíam com uma mulher pela primeira vez, timidez que provinha do fato de já terem levado muitos foras. Ao lhes perguntarmos por que queriam se casar, a resposta mais freqüente foi a de que almejavam o que seus irmãos e seus amigos já tinham: "uma vida normal".

A metade dos homens com quem falamos estava acompanhada de suas noivas, de maneira que nós as entrevistamos também. Dezenove das 24 mulheres nos disseram não terem se sensibilizado ao serem apresentadas ao homem com quem iam se casar. Mas todas admitiram ter ficado loucas por ele depois de conhecê-lo melhor. Somente quatro das 19 entrevistadas passaram a conhecer seus noivos saindo com eles. A maioria trabalhava junto, de modo que o contato era compulsório. Foram vários os relatos sobre homens que, depois de tropeçar nas próprias pernas e se atrapalhar com a língua ao serem apresentados a suas futuras noivas, quando descontraídos revelaram ser sujeitos gentis e articulados.

Você precisa sair pelo menos meia dúzia de vezes com um homem socialmente inepto para poder vê-lo como realmente é. É o tempo que os homens que nunca foram bem-sucedidos com mulheres levam para relaxar e serem eles mesmos. Isso também vale para homens que, por terem sido casados, sabem exatamente o que dizer e que notas tocar para agradar a uma mulher. Eles são companhias perfeitas nos primeiros encontros, mas só se pode vê-los como realmente são depois de sair com eles pelo menos uma dúzia de vezes.

Se você tem mais de 40, eu lhe recomendo sair com qualquer homem que lhe pareça ser um sujeito decente, e que claramente goste de você, pelo menos uma dúzia de vezes antes de desistir dele.

Relacionamentos pós-40

O relacionamento entre pessoas de 40, 50 e 60 anos é similar, sob muitos aspectos, ao que existe entre homens e mulheres de 20 e 30. Ele passa pelos mesmos estágios. Mas atenção: esses estágios nunca são idênticos.

Quer você tenha 22 ou 62, é importante causar uma boa primeira impressão. Qualquer que seja a sua idade, convém você anunciar de maneira não-verbal que é uma pessoa positiva, amiga e divertida. Homens de todas as idades acham atraentes mulheres que enviam essas três mensagens. A melhor maneira de uma mulher jovem enviar a mensagem de que é positiva e "pra cima" é ter uma postura ereta. Se você tem mais de 40, porém, uma postura ereta ajuda, mas não é a principal maneira de mostrar que você é uma pessoa positiva.

O modo mais eficaz de uma mulher de mais de 40 enviar uma mensagem positiva é o verbal.

Casais de mais de 40 geralmente entabulam discussões sérias sobre a relação mais cedo do que os casais de 20. Eles são mais propensos a usar seu tempo fazendo coisas que exigem conversa e troca de idéias. As pessoas de 20 anos, ao contrário, costumam planejar encontros que envolvam diversão – ir ao cinema, dançar, etc. Aos 20 anos se pode estar com uma pessoa há um tempo considerável sem saber grande coisa sobre ela. Geralmente não é o que acontece com as pessoas de mais de 40. Nesse caso, para enviar uma mensagem atraente, a pessoa precisa adotar uma atitude positiva ou pelo menos evitar fazer comentários negativos.

Isso é particularmente importante quando você conhece um homem que está recomeçando a vida. Recomeçar a vida aos 40 ou 50, embora não seja uma situação limitada a homens que acabaram de se divorciar ou de ficar viúvos, é mais comum entre esses do que entre quaisquer outros grupos. Não importa se a primeira mulher morreu ou o abandonou, se foi ele que a deixou e nem se o divórcio foi amigável ou litigioso. Enquanto os divorciados de 20 e 30 anos geralmente querem voltar à vida de solteiro, os divorciados de 40 e 50 querem começar de novo.

A maior e mais comumente cogitada das mudanças é a profissional. Às vezes isso é muito positivo; noutras, é pura bobagem. Os homens costumam perguntar às mulheres com quem estão saindo o que pensam das mudanças que eles estão planejando, e elas lhes dizem a verdade. Aos 40 e 50, as mulheres são muito mais sinceras do que aos 20; não se sentem mais obrigadas a contar pequenas mentiras para proteger o ego dos homens. Mas vá com calma: homens que se vêem solteiros de repente depois dos 40 costumam ficar perdidos. Na ânsia de se sentirem mais jovens, querem emagrecer, modernizar o visual e aprender novos passos de dança. Se você detonar os sonhos de um homem divorciado, ele sairá correndo, porque a imagem que tem da ex-mulher é a de alguém que o puxou para trás.

Isso não significa que você deva, caso tenha intenções sérias a respeito de um namorado, aplaudir o plano dele de abandonar a carreira de neurocirurgião para começar uma banda de rock. Mas também não lhe diga que ele é um idiota por pensar nisso. Você pode dissuadi-lo diplomaticamente sem derrubá-lo.

A segunda mensagem que você deve enviar é: *Eu sou legal*. A maneira mais fácil de enviar essa mensagem é sorrir. Mas o sorriso escancarado contra o qual alertamos as mulheres de 20 é ainda mais perigoso para as de 40. Depois dessa idade, homens e mulheres que sorriem escancaradamente dão a impressão de enganadores. A boa notícia é que a maioria das mulheres de 40, 50 e 60 anos que estão lendo este livro sabe muito bem que não deve sair rindo por aí como se tivesse 20 anos, e não sai mesmo. Mas 10% das mulheres de mais de 40 que entrevistamos sorriam de um modo afetado e agiam como se ainda tivessem 20 anos. O efeito é o mesmo de quando a mulher veste minissaia depois de já ter passado da idade! Sorria, mas com moderação.

Conhecendo alguém de mais de 40

Aos 20 ou 30 anos, conhecer melhor o outro costuma ser um processo lento. A maioria dos casais jovens leva quatro ou cinco encontros determinando se a outra pessoa corresponde às suas expectativas. Casais de mais de 40 se conhecem muito mais rapidamente, porque dão preferência a programas propícios à troca de informações. Isso costuma iludir as mulheres: elas pensam que o relacionamento está se desenvolvendo mais rapidamente do que na realidade. O fato de um homem falar a uma mulher sobre sua vida e seus gostos, e perguntar sobre os dela duas ou três semanas depois do primeiro encontro, não significa que esteja nem mais nem menos comprometido do que um rapaz de 20, que namora uma garota há mais ou menos o mesmo tempo. Na verdade, tanto os homens quanto as mulheres de mais de 40 relutam muito mais em se envolver afetivamente do que os de 20 e 30. Portanto, embora haja uma aceleração na troca de informações, em geral se dá uma desaceleração no envolvimento afetivo. Os mais velhos desconfiam das pessoas do sexo oposto. Quase todos tiveram alguma experiência negativa. Muitos já se machucaram e não querem mais sofrer.

Depois que souber sobre o homem o suficiente para pensar em ter um relacionamento sério com ele, a mensagem mais importante que você pode enviar é a de que não irá machucá-lo. Não faça insinuações sutis: elas não vão colar com a maioria dos homens. Você tem de dizer diretamente ao homem que não vai machucá-lo, ainda que não exatamente nesses termos.

Vera é um ótimo exemplo. No momento em que sua relação com o futuro marido se tornou séria, ela o fez sentar-se para descrever as pessoas com quem trabalhava e como achava que ela devia tratar cada uma. Sabendo da importância da carreira na vida dele, ela quis lhe assegurar que se esforçaria para ser uma perfeita esposa empresarial. Na entrevista em separado, ele nos disse que foi exatamente isso o que ela fez. Desse momento em diante, ele soube que podia contar com o apoio dela.

Mary foi mais direta. Ela disse a Ted, cuja ex-namorada rompera com ele poucos meses antes da data marcada para o casamento, que o amava e por isso jamais o deixaria. Entrevistados separadamente, os dois se lembraram do fato e disseram que ele mudou a natureza do relacionamento deles.

Embora as garantias verbais sejam importantes, os homens de mais de 40, na maioria dos casos, não se deixarão convencer de que suas intenções são boas só porque você está dizendo. Você precisa apoiar suas palavras com atos. Ser boa e atenciosa é fundamental quando se lida com homens maduros. Leve em conta os sentimentos e as necessidades dele e mostre o quanto você o quer. Aos 20 anos você dizia aos homens que gostava deles. Aos 40, 50 ou 60, você precisa não apenas dizer, mas também mostrar.

Muitos dos sinais de que o relacionamento está a caminho de se tornar sério deixam de ter a importância que tinham quando você era mais jovem. Aos 20 e 30, atingir o estágio de ficar à vontade e se tornar um casal monogâmico era um sinal positivo. O interessante com os casais de mais de 40 é que costumam atingir o estágio da monogamia pouco depois do primeiro encontro. Não porque se sintam comprometidos um com o outro, mas por não disporem das mesmas oportunidades que têm os jovens de conhecer pessoas do sexo oposto. Muito menos propensos a ir a bares de solteiros, danceterias e lugares desse tipo, eles se tornam monógamos antes de ficar comprometidos.

Depois dos 40, a monogamia deixa de ser um dos traços distintivos do relacionamento sério. Mesmo assim, você deve exigi-la antes de deixá-lo vir à sua casa, tirar os sapatos e ficar à vontade. Se descobrir que ele está saindo com outras mulheres, largue-o. Um grande número de homens de mais de 40 vai logo ficando confortável porque sai muito e não tem nenhuma intenção de se comprometer com ninguém.

É interessante notar que é mais comum os homens de 60 e 70 anos que namoram terem duas ou três namoradas do que os de 20, 30 e 40. Nós descobrimos que, enquanto as mulheres de 20 e 30 não toleram esse comportamento, as de 60 e 70 muitas vezes sim. Quando perguntamos a essas mulheres por que, elas confessaram que não havia muitos homens da sua faixa etária disponíveis. Entretanto, se em qualquer idade você topar com um desses homens, estará perdendo o seu tempo se a sua intenção for se casar.

Atingir o estágio de estar à vontade depois dos 40 é importante. Nos relacionamentos maduros, em geral isso acontece depois de dois meses. Contudo, o único estágio que realmente importa para casais de mais de 40 é o do casal comprometido. É só nesse momento que se pode dizer que algo real está acontecendo. Os homens podem facilmente entrar nos estágios de ficar à vontade e da monogamia sem estarem seriamente comprometidos. Lembre-se, como parte de um casal comprometido, ele coloca a parceira acima dos amigos e da família. O único problema é que talvez você tenha dificuldade de testar o comprometimento dele, uma vez que os homens dessa faixa etária em geral têm poucos amigos e suas famílias nem sonham em lhes dizer como devem viver suas vidas.

Aliás, se você achar um homem de 40 que ainda mora com a

mãe, não desperdice o seu tempo. O mais provável é que ele nunca se case. As únicas exceções são homens recém-divorciados que foram para a casa dos pais temporariamente.

Em qualquer idade, duas pessoas não são consideradas um casal enquanto não se tornam confidentes. Elas têm de se sentir livres para compartilhar os mais íntimos detalhes de suas vidas sem medo de que cheguem aos ouvidos de terceiros. Mas se você forçá-lo a discutir algum aspecto de seus relacionamentos passados, ele pode recusar. Isso não significa que não a ama, que não está comprometido ou que não é honesto com você. Ocorre que há uma parte da vida dele que ele considera privada, coisa que você deve respeitar. Nós encontramos vários homens que romperam com a mulher porque ela insistia em discutir detalhes do passado que eles consideravam pessoais.

O fator tempo

O fator tempo é muito diferente quando se tem mais de 40. Mesmo que em três ou quatro meses vocês atinjam o estágio de se sacrificar um pelo outro – costuma ser assim com casais mais velhos –, provavelmente é cedo demais para você tentar fazer com que ele se comprometa com o casamento. Espere até completarem de seis a oito meses de relacionamento, a menos que você receba claros sinais de que ele não quer esperar.

Coroas embromadores

Assegurar-se de que o homem com quem está se relacionando não é um embromador é ainda mais importante para a mulher de 40 do que para uma jovem de 20. Se você vier a saber que ele teve relacionamentos sérios com outras mulheres antes ou depois dos 40, diga-lhe com todas as letras que você espera uma proposta de casamento num prazo razoável. Se ele sair correndo, você não perdeu grande coisa. O maior obstáculo para as mulheres de mais de 40 são os homens da sua faixa etária que não têm um claro entendimento de que o que se espera de um relacionamento é que ele conduza ao casamento.

Muitos homens e mulheres dessa idade não têm intenção de se casar – ou de se casar novamente. Se você disser a uma dessas pessoas, no começo do relacionamento, que tem essa intenção, muitos pedirão as contas. Mas é melhor você correr esse risco do que passar um ou dois anos se relacionando com elas sem resultado.

Lembre-se, para qualquer mulher de qualquer idade, perder tempo pode ser um erro fatal – pode liquidar as suas chances de se casar. Ao mesmo tempo que recomendo às mulheres de 20 e 30 anos não levantarem o assunto do casamento cedo demais na relação, eu aconselho as mulheres de mais de 40 a, uma vez que o relacionamento tenha atingido o estágio de ficarem à vontade, fazerem insinuações nada sutis a respeito do casamento.

Dois pontos de vista

Nós organizamos dois grupos de discussão com homens comprometidos de mais de 40 que nos disseram ter tido, nos últimos quatro anos, relacionamentos longos com mulheres diferentes daquelas com quem se casaram. Eliminamos do grupo aqueles que nos revelaram que sua noiva era muito mais atraente do que a mulher com quem deixaram de se casar, mesmo que eles garantissem não ter sido esse o motivo da escolha. O primeiro grupo foi dirigido por um pesquisador e o segundo por uma pesquisadora. Gravamos as duas sessões para que, depois de terminar seus respectivos relatórios, eles tivessem a oportunidade de revisar e comentar o que aconteceu. Estávamos em busca de pontos de vista masculinos e femininos.

O pesquisador relatou que os homens de mais de 40 escolheram mulheres que os tratavam com carinho e afeto. Eles deram exemplos específicos da diferença de tratamento recebido das mulheres com quem se relacionaram. As com quem estavam dispostos a casar eram mais afetuosas. Elas não apenas abraçavam e beijavam como também faziam sexo com mais freqüência – e, de acordo com seus parceiros, de maneira aparentemente mais prazerosa. Além disso, elas se esforçavam para agradar seus parceiros.

Os homens do outro grupo também disseram que as mulheres com quem iam se casar eram mais afetuosas. Tal como as do primeiro grupo, elas abraçavam, beijavam e faziam amor com mais disposição e mais freqüência. Mas a pesquisadora também relatou que elas insistiam para que os noivos dedicassem mais tempo às carícias e lhes pediam para serem mais românticos. Elas pressionavam os parceiros para levá-las a jantares e shows, ao passo que as mulheres com quem os homens não se casaram se satisfaziam em ficar em casa com eles vendo televisão.

A maioria das mulheres com quem os homens escolheram se casar, se por um lado os tratava com carinho e ocasionalmente lhes preparava seus pratos favoritos e até lhes servia o café na cama, por outro exigia e recebia reciprocidade.

Os dois pesquisadores concordaram que os casais maduros em vias de se casar pareciam mais joviais. Os pesquisadores concordaram também que esses homens e mulheres pareciam se divertir mais juntos. Ele observou que, em parte, isso se devia ao fato de as mulheres dos relacionamentos bem-sucedidos insistirem em atividades mais divertidas. Os casais bem-sucedidos eram mais românticos porque as mulheres o exigiam, o que ajudava os relacionamentos no longo prazo.

Verdades estatísticas: se você pretende se casar depois dos 40...

- Os melhores lugares para encontrar homens elegíveis são academias, clubes e grupos – de ginástica, desportivos recreativos ou baseados em outros interesses comuns. Entre para organizações que tenham homens solteiros entre seus membros.
- Suas chances de se casar depois dos 40 aumentam se você tiver uma vida social ativa.
- Não julgue um homem apenas pelos seus predicados sociais – e dê a ele a chance de aperfeiçoar seus predicados.
- Assegure-se de estar você mesma em dia no que diz respeito às suas maneiras e predicados sociais.
- Homens de mais de 40 se casam com mulheres que se cuidam, portanto vale a pena manter-se em forma, vestir-se bem e estar bem maquiada.
- Demonstrações de carinho atraem os homens de mais de 40.
- Se tanto você quanto seu namorado têm mais de 40, é imperativo que falem abertamente de dinheiro.
- Cause uma boa primeira impressão – qualquer que seja a sua idade.
- Se ele mostrar pressa cedo demais, faça-o esperar.
- Exija o romance – ele costuma conduzir ao altar.

7 Divorciados e viúvos. Cuidado: frágil

Com a alta taxa de divórcio verificada na maioria dos países ocidentais, uma porcentagem substancial das mulheres que pretendem se casar vai fazê-lo com homens que já foram casados. Embora à primeira vista os relacionamentos que conduzem a esses casamentos pareçam trilhar caminhos já conhecidos, na verdade eles são muito diferentes. Homens que já foram casados geralmente entram em novos relacionamentos com obrigações financeiras, bagagem emocional e filhos. Todos esses fatores, e certamente as suas muitas combinações, acabam por modificar a natureza da maioria dos relacionamentos.

O que determina se um homem que já foi casado se casará ou não de novo é o tipo de relacionamento que teve com a ex-esposa. Os homens costumam herdar uma bagagem emocional pesada e confusa, que arrastam para os relacionamentos subseqüentes.

Obrigações financeiras

Entrevistamos centenas de mulheres prestes a se casar com homens divorciados. Cerca de 30% delas, somente, tinham um real entendimento das obrigações financeiras de seu futuro marido para com a primeira mulher. Quando esse assunto era levantado com os casais nos grupos de discussão, muitas mulheres ficavam surpresas com o que ouviam.

No capítulo sobre o casamento depois dos 40, eu descrevi como os homens costumam tentar explicar suas obrigações financeiras antes de se envolver num relacionamento e como algumas mulheres se recusam a falar no assunto. Eu não sei bem por que algumas mulheres reagem dessa maneira, arriscada e míope.

Em todo caso, minha primeira recomendação é que você, antes de se envolver num relacionamento sério com um homem divorciado, descubra exatamente que obrigações resultantes do casamento (ou casamentos) anterior ele tem. Mesmo que ele não lhe pergunte sobre as suas finanças, você deve lhe perguntar sobre as dele! Uma vez casada, as obrigações que ele tem com a(s) antiga(s) família(s) afetarão você, os seus filhos e os filhos que vocês possam vir a ter.

Divorciados

De longe o maior grupo de homens disponíveis à medida que você fica mais velha é o dos divorciados. Antes, porém, de descrever como os diferentes tipos de divórcio afetam os homens, eu devo lhe dizer que abordo a questão do ponto de vista masculino. Estou certo de que em todos os divórcios a história tem dois lados e de que muitas mulheres, ao lerem este livro, vão considerar incorreto enfocar apenas o ângulo masculino. Mas se você está pretendendo (ou se dispondo a) se casar com um homem divorciado, ter clareza de como eles pensam só pode ser vantajoso.

Divórcios amigáveis

O primeiro tipo de homem divorciado é uma raridade: aquele que fez um divórcio amigável. Quase sempre os cônjuges se casaram ainda muito jovens e decidiram de comum acordo que não queriam mais viver juntos. Os casais mais velhos desse grupo concordaram em seguir cada um o seu caminho. Em 90% dos casos, são casais sem filhos cujos casamentos tiveram curta duração.

Esse tipo de homem divorciado é muito propenso a se casar de novo porque o casamento não foi para ele uma experiência dolorosa nem desagradável. Pode-se dizer que foi algo mais parecido com um longo namoro malsucedido. Ele lhe dirá que o divórcio foi emocionalmente exaustivo e que talvez tenha lhe causado um certo transtorno financeiro. Não obstante, ele não nutre sentimentos hostis ou negativos para com a ex-esposa e as mulheres em geral.

Não é como os homens divorciados geralmente se sentem. Para a esmagadora maioria, divórcio amigável é uma contradição em termos.

O divórcio pouco hostil

O segundo tipo de divórcio é o de fraca hostilidade. Em geral, esses casamentos terminam com palavras duras e fortes ressentimentos. Independentemente de qual tenha sido o motivo da separação, há muito bate-boca e acusações. Mas, depois de algum tempo, as separações nas quais as brigas se resumiram a saber quem era o culpado pelo fracasso do casamento costumam se transformar em divórcios de fraca hostilidade. Casais que se desentenderam por causa de dinheiro ou outras coisas mas deixaram a briga para os advogados têm divórcios de fraca hostilidade. Homens saídos desse tipo de relacionamento são propensos a se casar de novo. Homens que se divorciaram num passado distante ou que não costumam guardar ressentimentos também o são.

O divórcio não constitui problema quando o homem não ama a ex-mulher, quando odeia a ex-mulher ou quando nem pensa na ex-mulher. Nesses casos, cada um seguiu o seu caminho e acabou. Os homens que pensam assim são também muito propensos a casar outra vez. Como a maioria dos divorciados, eles têm muito jeito com as mulheres e estão acostumados com o casamento. É comum se casarem até um ano depois de se divorciarem.

O divórcio amigável na superfície

A maioria dos divorciados nos disse que seu divórcio foi do tipo comum: nada de especial. Ao entrevistá-los, porém, descobrimos algumas variedades de "divórcio comum".

Quando um casal se divorcia, as duas partes geralmente estão ressentidas e a experiência não é nada agradável. Mas quando os cônjuges, em benefício dos filhos, declaram trégua antes mesmo de secar a tinta da certidão de divórcio, o homem passa a ser imediatamente um bom candidato a um novo casamento. Pelo menos na superfície, esse tipo de divórcio é amigável. A mulher não diz aos filhos que o pai deles é um inútil, e ele não insinua que a mãe deles é uma megera. Na medida do possível, eles tentam se entender quando se trata de tomar decisões que digam respeito aos filhos. Desse interesse comum resulta um verdadeiro respeito mútuo.

Continuando assim por algum tempo, a relação evolui no sentido de um armistício permanente ou uma amizade limitada. Às vezes até os ex-cônjuges se tornam bons amigos. O perfil desses divorciados é: *Nós éramos uma droga como casal, mas somos bons como pais*. Homens que constroem esse tipo de relação respeitam as ex-esposas e as outras mulheres e são muito propensos a se casar outra vez.

O divórcio quase amigável

O homem e a mulher que têm um divórcio quase amigável cooperam sob diversas formas na criação dos filhos. O homem paga pensão para as crianças e às vezes para a esposa também, e os dois ficam relativamente satisfeitos com o arranjo. Em geral o homem acha que está pagando demais e a mulher que está recebendo de menos, mas ambos convivem com a situação. Às vezes o homem atrasa o pagamento ou faz alguma coisa que deixa a mulher irada. Aí ela pede ao advogado para ameaçá-lo ou lhe dá uma "prensa" quando ele vem pegar as crianças. Mas não envolvem os filhos nas suas brigas. Colocam o interesse deles em primeiro lugar e, em conseqüência, têm um armistício duradouro.

Depois de vários anos, os homens que têm esse tipo de relação com suas ex-mulheres são propensos a casar de novo porque, uma vez mais, o casamento não chegou a ser para eles uma experiência negativa. Ainda que haja muito bate-boca por ocasião do divórcio, depois de algum tempo a amargura se dissipa.

O divórcio minimamente cooperativo

Neste tipo de divórcio as duas partes afirmam colocar os filhos em primeiro lugar, mas não cooperam entre si. Geralmente, um deles ou os dois ainda estão muito irados, e é quase impossível que consigam esconder seus sentimentos, mesmo na frente dos filhos. A mulher permite que o homem veja as crianças mas aproveita a ocasião para esculachá-lo. Por achar que os filhos precisam de um pai, mesmo detestando o seu ex, ela o tolera. Ele tem para com ela uma atitude semelhante. Considera-a fútil e mesquinha mas a tolera porque, afinal de contas, ela é a mãe dos seus filhos. A camada de afabilidade que cobre essa hostilidade recíproca é fina, mas eles procuram mantê-la intacta em benefício das crianças. Homens que têm esse tipo de relacionamento com a ex-mulher talvez só se casem depois de passar um longo tempo divorciados.

Quando a hostilidade passa para a superfície, porém, as chances de qualquer uma das partes se casar de novo diminuem sensivelmente. Quando algum deles ou ambos fazem comentários maldosos a respeito do outro na frente das crianças, o antagonismo passa a um novo patamar. A maior parte dos divorciados que têm filhos compete de alguma forma pelo afeto deles. Os homens costumam comprar presentes maiores e melhores ou gastar com eles mais dinheiro do que deviam, ao passo que as mães se tornam superprotetoras. Essa competição só afeta as chances de o homem se casar de novo quando vai longe a ponto de ele deixar de falar com a ex-mulher.

O homem que em benefício dos filhos mantém uma relação contínua – ainda que não amigável na superfície – com a ex-mulher é mais propenso a se casar de novo do que aquele que corta completamente a comunicação.

É claro que não é necessário comunicação quando não há nenhum motivo para se comunicar. Se não há filhos nem interesse comum, negócios por exemplo, eles não precisam se falar. Mais provavelmente, na verdade, eles nem deviam se falar.

Divórcios litigiosos

E, finalmente, há o divórcio litigioso. O homem está convencido de que foi passado para trás, que está pagando muito mais do que devia porque o advogado perdeu a causa e que é uma vítima do sistema. Os divorciados desse grupo geralmente são ressentidos com a sua situação. Quando esse ressentimento dura somente um ou dois anos, não é de todo improvável que o homem se case novamente. Mas se passados cinco ou seis anos o homem continua a vituperar contra a ex-mulher, muito dificilmente ele voltará a se casar – e nem seria um bom candidato ao casamento.

Os que menos chances têm de se casar

Descobrimos que homens que foram abandonados por suas esposas provavelmente nunca mais se casarão, sobretudo se elas os constrangeram ou humilharam. Você deve evitar homens que foram emocionalmente destroçados por suas ex-mulheres, assim como aqueles que vivem permanentemente em guerra contra elas.

Há várias maneiras de identificá-los.

- A primeira delas é ver se eles odeiam ex-mulheres até muito depois do divórcio e se falam o tempo todo das atitudes delas como se ainda estivessem casados.
- A segunda característica dos divorciados que dificilmente se casarão outra vez é ter contatos limitados com os filhos porque suas ex-mulheres não querem que eles os vejam.

Esses homens têm uma relação de hostilidade permanente com suas ex-esposas. Independentemente de quem seja o culpado, eles dificilmente voltarão a se casar. Todo conflito continuado com a ex-esposa reduz as chances do homem se casar outra vez. E se o conflito é motivado pelas visitas aos filhos, elas diminuem ainda mais. Evite esses homens – eles não são uma boa matéria-prima para o casamento mesmo que queiram se casar novamente.

Encontramos também homens que dificilmente voltarão a se casar porque simplesmente não confiam mais nas mulheres.

Homens cujas ex-esposas usaram os filhos como uma arma contra eles raramente se casam de novo.

É muito comum a ex-mulher obstruir o relacionamento dos filhos pequenos com o pai, ou, se os filhos são mais crescidos, cortar qualquer relacionamento que ainda exista entre eles. Vários advogados de família que entrevistei na preparação deste capítulo concordaram que, se por um lado algumas esposas têm motivos legítimos para não querer que os ex-maridos vejam os filhos, outras retêm as crianças como forma de punição. Quando o homem acha que a ex-esposa virou seus filhos contra ele acusando-o de maus-tratos ou coisa pior, ele se torna muito amargurado. Independentemente da veracidade da acusação, esse tipo de homem odeia a ex-mulher e passa a não confiar no sexo feminino em geral. Evite esses pretendentes inadequados.

Divorciados que, acreditando ter sido lesados no divórcio, tomaram a decisão de não pagar suas obrigações dificilmente se casarão novamente.

Alguns passam, desse momento em diante, a dedicar suas vidas a burlar o sistema. Entrevistamos homens que trocaram posições muito bem remuneradas por empregos medíocres, só para não pagar pensão para a mulher e os filhos. Para não ter de dar dinheiro à mulher, ficam eles próprios sem dinheiro. Um ex-executivo da área de propaganda trabalhava de recepcionista num albergue noturno. Esse homem, assim como todos os que fizeram opção semelhante, era instruído, inteligente e articulado. Eu não os entendo, mas eles existem, e as chances de que venham a se casar de novo são praticamente nulas. Uma vez mais, evite esses homens incasáveis.

Viúvos

Todos os homens que já foram casados trazem alguma bagagem, cuja natureza e influência variam substancialmente de viúvos para divorciados. A diferença básica entre os dois grupos é que os viúvos costumam trazer a bagagem emocional de uma ligação carinhosa com a falecida esposa, ao passo que os divorciados em geral têm sentimentos de amargura e até de hostilidade para com a ex-mulher. Os viúvos para quem o casamento foi uma experiência positiva são muito mais propensos a se casar de novo do que os divorciados.

Viúvos sem filhos

Os viúvos sem filhos são os homens mais casadouros da face da Terra.

Noventa e nove por cento dos viúvos que entrevistamos se mostraram inclinados ao casamento. Os muitos anos de convivência com as falecidas esposas os deixavam bastante à vontade com a idéia de ser casados. Viúvos jovens têm muito mais sensibilidade no trato com as mulheres do que o solteiro médio. Quando se propõem a paquerar uma mulher, costumam ser bem-sucedidos. Depois de anos de uma confortável convivência com a parceira, eles se sentem bem com as mulheres e sabem exatamente o que dizer. Quando começam a namorar alguém, casam-se rapidamente – não ficam dando sopa muito tempo.

Os viúvos sem filhos e de menos de 44 anos são o grupo que mais chances tem de se casar. Resta saber quando.

Viúvos de mais de 44

A maioria dos viúvos entre 44 e 48 anos de idade gostaria de se casar de novo. Na verdade, muitos se casam mais cedo do que os viúvos mais jovens porque geralmente não têm filhos pequenos. Seu problema é encontrar mulheres elegíveis, pois já passaram da idade de freqüentar o circuito dos solteiros. Em conseqüência, embora a idéia agrade à maioria, muitos não se casam mais. Os que se casam geralmente encontram suas esposas no ambiente de trabalho.

O grupo seguinte é o dos viúvos de 48 a 56 anos de idade. Esses também têm chances de casar de novo, e elas não diminuem significativamente quando chegam aos 52. Em geral, quanto mais jovem o viúvo, maiores são as suas chances de se casar novamente; à medida que ele fica mais velho, menores elas se tornam. Até a idade de 56 anos, casar de novo é um objetivo comum a todos os viúvos. Por alguma razão, a essa altura eles param de persegui-lo ativamente. Contudo, encontrando a mulher certa e as circunstâncias adequadas, mesmo depois dessa idade ele se casará. A idéia de um novo matrimônio o atrai, principalmente se foi feliz no primeiro relacionamento.

Uma vez superada a morte da esposa, os viúvos são mais propensos a se casar do que os divorciados da mesma idade.

A regra dos dois anos

Não costuma ser recomendável começar um relacionamento com um viúvo antes de passados um ano e meio ou dois da morte da ex-esposa. A razão é muito simples: esse é geralmente o tempo que os homens levam para chorar a perda e se acostumar com a idéia de sair com mulheres novamente. Por isso, o mais sensato é não namorar um homem cuja esposa morreu há menos de dois anos.

Quando um homem saudável acostumado ao convívio conjugal se vê sozinho e sexualmente frustrado, busca a companhia de uma mulher. Muitos desses homens recorrem a prostitutas, mesmo os que nunca fizeram isso na vida. Vários deles nos contaram basicamente a mesma história: depois de passar um ano inteiro fazendo sexo com mulheres por quem não nutriam nenhum sentimento, decidiram sair com alguém de quem pudessem gostar. Embora não se sentissem culpados por transar com prostitutas, assim que saíam para um "programa de verdade" se punham cheios de culpa ou mortos de tristeza porque a perspectiva de envolvimento afetivo lhes trazia de volta a lembrança da falecida esposa. Isso matava a maioria dos relacionamentos. Vários homens nos relataram casos de encontros ocorridos entre seis meses e um ano após a morte da esposa que foram verdadeiros desastres.

Um exemplo perfeito é o de Bill, um fuzileiro naval cuja esposa falecera repentinamente. Superado o choque inicial, em três ou quatro meses ele começou a se sentir solitário e sexualmente frustrado. Começou então a sair com prostitutas, facilmente disponíveis no país onde sua tropa estava estacionada. Passado um ano, foi mandado de volta aos Estados Unidos, e dois dias depois de assumir o novo posto uma amiga de sua ex-mulher lhe arranjou um encontro com uma conhecida. Cansado de prostitutas, Bill gostou da idéia. Levou essa mulher, muito simpática, a um ótimo restaurante. Quando o entrevistamos, três anos depois,

Bill ainda não sabia explicar o que acontecera, mas o fato é que no meio do jantar ele começou a chorar incontrolavelmente. Constrangido, ele a muito custo conseguiu se acalmar tempo suficiente para que a mulher fosse embora tranqüila, mas percebeu que ela não iria querer vê-lo nunca mais. A única observação de Bill foi: "Graças a Deus eu não estava de uniforme." Foi para casa e passou mais um ano sem sair com ninguém.

O tamanho da dor

Outro fator que costuma influenciar significativamente a decisão de um viúvo quanto a se casar de novo é a maneira como morreu a sua esposa. Em geral, os homens não gostam de falar sobre isso; além de doloroso, eles se sentem pouco à vontade. Mas se o viúvo fala no assunto sem dar detalhes, fique ligada.

Esse alerta, particularmente válido quanto aos homens de mais de 44, vale no entanto para todos os viúvos.

Se a esposa morreu de doença agonizante, ou se ficou doente muito tempo e ele foi a principal pessoa que cuidou dela, as chances desse viúvo se casar de novo são relativamente pequenas.

Em sua maioria, esses homens, principalmente os de mais de 50 anos, disseram ao ser entrevistados que não tinham intenção de se casar de novo e sempre pela mesma razão: não queriam ter de cuidar de outra mulher. Alguns deles cuidaram de suas esposas doentes durante mais de 10 anos, o que acabou, evidentemente, marcando seu casamento. Não fazia diferença se observávamos que em geral as mulheres vivem mais do que os homens e acabam tendo de cuidar de seus maridos.

Um exemplo típico é John, funcionário da agência de correios de uma pequena cidade do interior. John começava a trabalhar às 8 da manhã e na hora do almoço ia para casa alimentar Helen, sua mulher, que era acamada permanente. Às 3 da tarde voltava em casa para lhe fazer um chá. Como era uma cidade pequena em que todo mundo, incluindo o chefe da agência, sabia da doença de sua mulher, John foi designado para uma rota próxima à sua casa para poder passar por lá durante o dia. À noite ele preparava o jantar do casal e cuidava das necessidades de Helen. Isso durou mais de 12 anos. John amava a esposa e não tinha queixas, mas disse que jamais cogitaria em se casar novamente. Ele participou de um grupo de discussão formado por viúvos. Ao dizer aos outros como se sentia, todos lhe asseguraram que a maioria das mulheres não precisa de cuidados permanentes. Mas sua mente estava fechada para quaisquer argumentos. Recusava-se até a discutir o assunto. Depois de algum tempo o grupo desistiu, entendendo que ele não conseguia lidar com a idéia de voltar a se relacionar com uma mulher. Obviamente, John não estava preparado para se casar novamente.

Um grupo similar de viúvos era formado por aqueles cujas esposas tiveram mortes dolorosas, em geral de câncer. Eles falavam longamente sobre o sofrimento das esposas e a dor dessa lembrança. E relutavam muito em assumir um novo compromisso. Ed, um homem que lutara no Vietnã, disse: "É como num pelotão de infantaria: para os recém-chegados, é o lugar mais solitário do mundo." E explicou que num pelotão de infantaria ninguém fala com um soldado novo, para não sentir a sua perda caso ele venha a ser morto. Aí disse que sua reação era a mesma em relação às mulheres. Ele não queria se envolver afetivamente por achar que não suportaria ver a mulher amada morrer daquele jeito novamente. Ed trabalhava na área médica e entendia perfeitamente que as chances de a mesma situação se repetir eram remotas. Mas não importava. A realidade emocional de sua vida era tal, que ele não era capaz de correr esse risco.

Ed e John tinham mulheres com quem se relacionavam sexualmente. Nós conversamos com elas. A amiga de Ed disse entender que ele não quisesse se casar e que se sentia feliz assim. (Uma das verdades sobre as mulheres de mais de 40 que já foram casadas é que boa parte delas não está aflita para se casar novamente. Na verdade, em se tratando de relacionamentos entre pessoas de mais de 40, é mais provável o homem insistir no casamento do que a mulher. Minhas pesquisadoras chegaram à conclusão de que nesse caso o casamento é mais negócio para o sexo masculino do que para o feminino, e eu concordo.) A mulher que saía com John sabia que ele não queria se casar, mas esperava convencê-lo a mudar de idéia.

Essas duas mulheres pelo menos entendiam as razões da relutância de seus parceiros em assumir compromisso. Nós nos deparamos com muitas mulheres que namoravam viúvos sem perceber que eles nunca mais se casariam. Jamais lhes passara pela cabeça perguntar como a ex-esposa havia morrido. Vários homens por nós entrevistados disseram que não falariam sobre isso com ninguém por ser muito doloroso.

Você não deve insistir, mas em geral pode obter essa informação com amigos e parentes do seu namorado. É muito importante saber isso antes de se envolver com uma pessoa que tem tanta resistência a se casar novamente.

Conhecendo-se no trabalho

É interessante notar que, conversando com viúvos que saíam de cartórios, descobrimos que a proporção dos que conheceram no trabalho a mulher com quem iam se casar novamente era substancialmente maior do que em qualquer outro grupo de homens. Eu desconfio que a razão disso seja a de que eles têm tão poucas oportunidades de convívio social que vão buscar relacionamentos em lugares onde possam encontrá-los. Caso lhe agrade a idéia de se casar com um viúvo, procurar na própria empresa onde você trabalha pode ser bastante proveitoso.

Pais solteiros que cuidam dos filhos

Quando se conversa pela primeira vez com pais solteiros, eles parecem incasáveis, mas não são. Com tratamento especial, se tornam excelentes candidatos ao matrimônio.

Ser o único ou o principal responsável pela criação dos filhos é um fato que geralmente domina a vida de um homem viúvo ou divorciado. Mesmo tendo alguém para tomar conta das crianças durante o dia, a grande maioria dos pais solteiros é obrigada a cuidar deles e da casa à noite e nos fins de semana. Para a maioria, a carga é quase insuportável. Nós fizemos duas mães solteiras entrevistarem esses homens por achar que elas teriam uma idéia mais clara do problema. Até então, essas mulheres estavam convencidas de que a vida dos pais solteiros era menos difícil do que a das mães solteiras. Depois de entrevistá-los, porém, elas chegaram à conclusão de que muitos deles enfrentavam uma barra mais pesada. As mães solteiras raramente ficam assoberbadas de tarefas para as quais não se sentem preparadas. Mesmo chegando exaustas do trabalho à noite, elas sabem como cuidar das crianças e da casa. Os homens não conseguiam se virar tão bem.

As duas pesquisadoras ficaram espantadas com a incompetência dos homens nas tarefas diárias. Ao conduzir grupos de discussão com pais solteiros, descobriram que, após um ano, muitos não sabiam limpar a casa, o que comprar no mercado, que alimentos ter à mão e nem como comprar roupas para os filhos.

De acordo com as entrevistas, um a cada três homens ia às compras várias vezes por semana, muito mais do que o necessário, fazia duas vezes a mesma coisa e em geral trabalhava demais e produzia de menos. Eles disseram que volta e meia mandavam os filhos à escola com a mesma roupa do dia anterior.

Pais acham mais fácil criar filhos do que filhas e costumam se sair bastante bem cuidando de um único filho. Quando têm mais de um, e principalmente se são muito pequenos, eles se complicam. As duas mães solteiras que fizeram as entrevistas descobriram que esses homens se encontram numa posição muito semelhante às delas. Quando chegam do trabalho, têm pela frente outra jornada de oito horas. Caem na cama exaustos no fim da noite e se levantam se arrastando de manhã, a tempo de preparar o café e mandar os filhos para a escola ou creche. No fim de semana, não podem dormir por causa da longa lista de tarefas domésticas pendentes. Restam-lhes pouco ou nenhum tempo, energia e oportunidade para a vida social.

Para uma melhor discussão, dividimos os pais solteiros em grupos. O primeiro é o dos pais com filhos em idade pré-escolar. Esses homens estão quase sempre assoberbados de responsabilidades para as quais o mundo masculino não os preparou.

A situação é particularmente difícil para os que não têm o apoio da família. Os que têm mãe ou uma tia para cuidar dos filhos enquanto trabalham têm muito mais chances de se casar de novo do que os que são obrigados a se virar sozinhos. Já os que têm de contratar pessoas para tomar conta dos filhos – principalmente quando o dinheiro é curto – têm poucas chances de se casar de novo.

O segundo grupo é o de homens solteiros que têm filhos na escola. A maioria arranja alguém para tomar conta deles depois que voltam para casa. A seu favor têm o fato de que crianças que vão à escola não precisam trocar fraldas nem tomar mamadeira a cada duas horas. A maioria desses pais aprende desde cedo a preparar o café e ajudar os filhos a se aprontarem para o colégio. Suas vidas são agitadas e exaustivas, mas procuram organizar o tempo de maneira a poder ter algum tipo de vida social.

Filhos

O obstáculo seguinte no caminho das mulheres que namoram viúvos ou divorciados são os filhos do(s) casamento(s) anterior(es). Há basicamente duas categorias: a dos filhos que moram com os pais e a dos filhos que passam os fins de semana e ocasiões especiais com os pais. O primeiro grupo constitui um problema muito mais complicado do que o segundo. Por mais hostil que possa ser um filho ou filha que vive com a mãe, ele tem uma presença limitada e, por conseguinte, pouco impacto no relacionamento de vocês. Além disso, esse filho ou filha a verá como uma ameaça menor, uma vez que você não terá grande influência em sua vida. Já os filhos que vivem com o pai podem ser um obstáculo real. Embora o que está dito abaixo se aplique às duas situações, o cenário é muitíssimo pior no caso de filhos que moram com o pai em caráter permanente.

Filhas adolescentes costumam ficar enciumadas, controladoras e possessivas em relação ao pai quando ele começa a namorar. Até meninas pequenas podem ser competitivas.

O principal medo que os filhos sentem quando o pai traz uma nova mulher para as suas vidas é o de perdê-lo. Para prepará-los, o pai deve lhes assegurar quantas vezes for necessário que eles não serão menos amados nem receberão menos atenção pelo fato de uma outra pessoa entrar na vida dele. Deve fazê-los entender que o amor não pode ser dividido, só multiplicado. Como as crianças entendem melhor com exemplos do seu próprio mundo, ele pode dizer que um pai que tem seis filhos ama cada um tanto quanto um pai que tem dois filhos. Ele não divide o seu coração de maneira que cada filho tenha um sexto do seu amor. Cada filho tem todo o amor que o pai tem para dar e o receberá por inteiro. Entendendo isso, os filhos terão mais chances de aceitar uma nova pessoa em suas vidas.

Outro motivo da resistência dos filhos a uma pessoa que entra na casa do pai é sua apreensão – como ocorreria à maioria de nós – em relação a possíveis mudanças. Eles se perguntam coisas do tipo: O que acontecerá se uma nova pessoa vier morar conosco? Como ela é? O que ela vai exigir? Será que ela vai querer me dar ordens? Como é que ela vai me tratar? Depois de conversar com a futura esposa, o pai deve tomar a iniciativa de responder a todas essas perguntas dizendo o suficiente para afastar os temores dos filhos sem no entanto ser absoluto. É importante deixar uma margem de manobra para o caso de ter de mudar de idéia. Convém que ele relativize suas afirmações com frases do tipo *Eu imagino; Eu não acho; Em circunstâncias normais; Na maioria das vezes; A menos que surja uma circunstância especial.* Se os filhos quiserem respostas mais categóricas, ele tem de dizer que não é adivinho para prever todas as situações que possam surgir no futuro e que essas são as melhores respostas que ele pode lhes dar.

Em geral, os casais que conseguiram integrar os filhos e a nova mulher o fizeram em duas etapas. Para começar, combinaram os primeiros encontros em lugares divertidos para as crianças, como jogos de futebol, shopping centers e parques de diversões. A melhor opção é levá-las a lugares onde elas não tenham como *não* se divertir. Nos primeiros encontros, o pai deve se comportar quase como se a mulher não estivesse ali. Ela deve apreciar, mas não se meter na diversão deles. A mulher que entra com tudo cedo demais costuma afastar as crianças. Elas querem alguém que não as chateie e que não atrapalhe o equilíbrio a que estão acostumadas. De início, é isso o que você deve lhes dar. Se nos primeiros encontros você se mostrar afetuosa demais ou preocupada em agradar, pode deixar as crianças pouco à vontade.

Depois de vários programas nos quais as crianças interagem limitadamente com a namorada, é hora de avançar para o segundo estágio: o de fazer as crianças se acostumarem a ela no ambiente doméstico. Se o pai costumava – antes de começar o novo relacionamento – comprar pizza e sorvete e assistir a filmes com as crianças, deve continuar a fazê-lo, com a única diferença de que você também estará presente. Sente-se no sofá ao lado dele durante o filme, mas não se mostre afetuosa demais. Depois do filme, todo mundo deve ir fazer as coisas que costumava fazer antes de você chegar. A rotina normal deve permanecer intacta. Lembre-se, você está interessada em convencer as crianças de que nada vai mudar. Quando elas se sentirem seguras de que você não veio para perturbar suas vidas e de que as coisas continuarão a ser como eram, começarão a relaxar. Quer você esteja com elas só nos fins de semana ou o tempo todo, vá com calma.

Em seguida, você deve procurar fazer coisas divertidas com as crianças, desde que elas queiram, naturalmente. Se os garotos querem ir a um jogo de futebol ou basquete e o pai não está disponível, você pode se oferecer para levá-los. Uma vez mais, o ideal é que a sua interação com eles tenha a informalidade do dia-a-dia. Quer você leve a adolescente para fazer compras no shopping ou o menino ao zoológico, por uma hora que seja, o seu objetivo é fazê-los se acostumar a estar com você. Faça algo que eles queiram fazer, alguma coisa de que eles gostem, e seja bastante agradável.

O processo é gradual. Leva tempo. Não o apresse. O seu principal objetivo é deixar claro para as crianças que você não vai mudar a vida delas.

Para terminar, algumas coisas para as quais os casais bem-sucedidos nessa questão alertaram:

- Se o pai fica com o filho no fim de semana e ele tem um jogo de futebol, vá ao jogo de futebol. Não faça a criança desistir do jogo de futebol porque você planejou outra coisa.
- Não obrigue as crianças a desistir do jogo, do encontro de bandeirantes ou da aula de música. Deixe-as fazer as ativi-

dades a que estão habituadas. Tranqüilize-as, por meio de suas ações, de que suas vidas seguirão as mesmas, com a diferença de que haverá uma outra pessoa com elas que é muito legal e disposta a ajudar. Lembre-se de ir com cuidado – isso pode acabar um casamento antes de ele começar.

- Por outro lado, jamais tolere que a criança seja rude ou hostil com você. O pai deve dizer ao filho ou filha que ele ou ela não tem o direito de escolher os seus amigos. Por pior que seja o comportamento do filho, no confronto entre o pai e o filho ou filhos o adulto deve sair vencedor.
- A mulher deve evitar ser arrastada para discussões com os filhos do seu namorado. Se a criança a desafia ou é rude com você na ausência do pai, você deve lhe deixar claro que aquele comportamento não é aceitável e que vai contar ao pai dela.

Você terá de ser capaz de controlar as crianças quando for o único adulto presente. A primeira vez que você lhes disser para fazer algo, elas provavelmente lhe dirão que você não é mãe delas e que não tem o direito de dar ordens. Não deixe barato. Comece concordando que você não é mãe delas e aproveite para deixar claro que não tem nenhuma intenção de lhe tomar o lugar. No entanto, uma vez que o pai delas lhe passou a responsabilidade, você tem não só o direito como a obrigação de exigir padrões mínimos de comportamento. "É verdade que o pai de vocês pode me desautorizar, mas não à sua mãe. Vocês têm todo o direito de se queixar ao seu pai a respeito de alguma ordem que lhes dei, mas não têm o direito de me desobedecer. Se acham que têm, então nós vamos ter de discutir o assunto com ele." O seu principal objetivo é evitar o confronto direto com os filhos do seu parceiro.

Eu conduzi um grupo de discussão com seis casais de noivos que tinham filhos de relacionamentos anteriores. No fim das sessões, ao lhes perguntar se havia alguma mensagem que quisessem deixar para os casais que enfrentam esse desafio, eles disseram para ser pacientes, apoiar um ao outro e dar um tempo aos filhos quando eles começarem a irritá-los – o que com toda certeza farão. Finalmente, lhes desejaram boa sorte. Vocês vão precisar.

Verdades estatísticas sobre o delicado relacionamento com homens divorciados e viúvos

- Viúvos e divorciados geralmente carregam uma bagagem emocional complicada – identifique-a antes de assumir um ônus que não preferiria não ter.
- As obrigações financeiras de um homem divorciado podem empobrecer a mulher que se casa com ele.
- Os viúvos jovens sem filhos são os homens mais casadouros da face da Terra.
- Pais solteiros com filhos têm pouco ou nenhum tempo e energia para a vida social.
- A maioria dos viúvos não está preparada para um relacionamento sério antes de um ano e meio da morte da ex-mulher.
- O modo como morreu a ex-mulher pode afetar a atitude do viúvo para com o casamento.
- Um dos melhores lugares para se encontrar um viúvo é o ambiente de trabalho.
- Quanto mais amigável o divórcio de um homem, mais probabilidade ele tem de se casar de novo.
- Quanto mais jovem um homem, mais probabilidade ele tem de se casar de novo.
- Uma vez convencidos de que suas vidas não serão perturbadas pelo novo caso de amor do pai, os filhos deixam de se sentir ameaçados e se tornam menos refratários.
- Nada acontece da noite para o dia. Seja paciente.

8 | Encontros on-line

Colocamos este capítulo em seguida aos que tratam do casamento depois dos 40 e do casamento com viúvos e divorciados porque muitos solteiros dessas categorias estão se encontrando on-line. O circuito de solteiros na Internet vem se tornando cada vez mais popular e parece destinado a se tornar a principal ferramenta para se encontrar pessoas.

Nunca é demais lembrar que, em se tratando de seres humanos, o desenvolvimento de informações estatisticamente válidas não cria automaticamente conselhos válidos. Quando começamos nossa pesquisa no final da década de 1980, menos de 1% dos casais comprometidos que entrevistamos havia se conhecido através de anúncios ou de agências de encontros. Em 1998, o número de noivos que se conheceu on-line era maior do que os que se encontraram por meio de anúncios pessoais e agências de encontros somados. Em 2000, aproximadamente 3% dos casais que encontramos dando entrada nos papéis de casamento se conheceram on-line, e esse número estava crescendo, particularmente no grupo etário de mais de 40 anos de idade.

Talvez você esperasse que um livro concebido para ajudar as mulheres a se casar dissesse a toda mulher de mais de 40 para entrar imediatamente na Internet, mas a coisa não é tão simples.

Depois de conversar com centenas de mulheres que recorreram a anúncios, agências de encontros e salas de conversação on-line para encontrar pretendentes, e também com policiais e pessoas ligadas a agências de encontros, chegamos a diversas conclusões.

- Primeiro, as mulheres *estão* recorrendo a todos esses serviços.
- Segundo, o uso da Internet por mulheres em busca de homens está crescendo e provavelmente continuará a crescer.
- Terceiro, para mulheres que têm contatos sociais limitados, particularmente para aquelas que já passaram da idade de freqüentar o circuito dos solteiros, a Internet é a melhor, e em alguns casos a única, forma de encontrar homens elegíveis.
- Quarto, encontrar-se com um homem estranho pode ser perigoso – mas existem maneiras de você se proteger.

Segurança em primeiro lugar

Em benefício da segurança, forneça o mínimo de informações pessoais antes de se encontrar com um homem pela primeira vez. Mulheres escoladas em computadores criam contas especiais para utilizar os serviços das agências de encontros. Se você não está segura de como fazê-lo, recorra a um amigo que tenha familiaridade com a Internet ou peça ajuda ao seu provedor.

Sempre que você conhecer um homem através de anúncios de uma agência ou on-line, marque o primeiro encontro ao vivo num lugar público, de preferência onde haja pessoas que a conhecem. O melhor lugar é um restaurante ou uma cafeteria. Em hipótese alguma permita que ele a pegue em casa ou no trabalho.

Se a qualquer momento durante um encontro você tiver uma sensação ruim, saia ou vá imediatamente para um lugar público bem iluminado. Não se preocupe em constrangê-lo nem em se constranger. A única vítima de estupro que entrevistei foi apanhada de carro no trabalho por um homem com quem havia combinado um encontro. Ela sentiu quase que imediatamente que havia algo errado e chegou a pensar em saltar do carro quando ele parou num sinal, mas ficou com vergonha. Todas as noites desde então ela se lamenta por não ter seguido seu instinto.

Conversei também com dois detetives. Ambos disseram que muitas vítimas de violência têm a sensação de que algo de ruim está para acontecer mas ficam constrangidas de agir seguindo seus instintos. Se você tiver um mau pressentimento, siga-o, e aja imediatamente.

Se você não tem telefone celular, arranje um e leve-o consigo. Ele poderá ser útil para pedir ajuda ou chamar um táxi.

Convém vocês trocarem fotografias antes de se encontrarem. São três as finalidades. Primeiro, os homens que se utilizam desses fóruns para se aproveitar de mulheres não gostam de mandar fotografias; portanto, se ele se mostrar hesitante em lhe enviar sua foto, cuidado! Segundo, se ele só namora mulheres magras como caniços e você está mais para gordinha, os dois estão perdendo tempo. Terceiro, se ele não se parecer com o próprio retrato, está mentindo ou tem algo a esconder. Não se envolva com ele.

Não suponha, como fazem muitas mulheres, que conhece o cara só porque falou com ele várias vezes pelo telefone. Alguns homens encantadores ao telefone são o exato oposto em pessoa.

Sinais de alerta

Não estou sugerindo que você *não* use o telefone para filtrar os caras com quem faz contato – ele pode ser muito útil. Faça todas as perguntas que quiser pelo telefone e não marque encontro com ninguém que lhe pareça evasivo.

Se ele paga tudo em dinheiro, não num único encontro mas o tempo todo, fique alerta. Homens casados geralmente não usam cartão de crédito quando estão pulando a cerca. Têm medo de que a esposa veja a fatura e faça perguntas. Se ele paga em dinheiro, diga-lhe que ouviu dizer que um terço dos homens que conhecem mulheres por meio de anúncios ou pela Internet é casado e em geral paga em dinheiro. Se ele negar que é casado, peça-lhe para mostrar a carteira. Se ele estiver dizendo a verdade, dificilmente recusará.

Quando apanhados, quase todos os homens casados fingem inocência e vão embora indignados. Alguns, porém, ficam agressivos e intimidadores. Se isso acontecer, chame um policial e peça-lhe que a acompanhe até o seu carro ou que lhe chame um táxi. Os policiais terão prazer em ajudá-la. Antigamente, quando a mulher desconfiava que o homem era casado, pedia-lhe o telefone de casa. Agora que os celulares se tornaram lugar-comum, isso não funciona mais. Mesmo assim, continua valendo a pena pedir o número do telefone de qualquer homem que você conhecer on-line e insistir em lhe telefonar antes de encontrá-lo pessoalmente.

Procure on-line, mas lembre-se...

- Conhecer homens na Internet, por meio de anúncios pessoais ou através de uma agência de encontros, é muitas vezes eficaz, mas pode ser perigoso.
- Não acredite que você conhece um homem só porque falou com ele algumas vezes pelo telefone.
- Em benefício da segurança, só marque encontros em lugares públicos, diga a um amigo(a) aonde você está indo, pegue o seu celular e use o seu próprio meio de transporte.
- Se um homem lhe parece promissor mas você tem dúvidas a respeito dele, providencie uma checagem de suas informações pessoais.

Conclusão: Em defesa do casamento

Em duas palestras que fiz sobre o tema deste livro, fui chamado de machista por mulheres que me acusaram de estar alimentando o mito de que são elas que querem se casar; de que o casamento é uma instituição masculina projetada para controlar e/ou tirar vantagem da mulher; de que o casamento beneficia mais a mulher do que o homem; e de que o casamento é a única, ou pelo menos a melhor, maneira de as pessoas estabelecerem relacionamentos significativos. Para elas, nada disso era verdade.

Às que achavam que os homens querem se casar tanto quanto as mulheres eu disse para olhar ao redor e contar o número de homens na platéia. Era óbvio que esse assunto interessava a muitas mulheres e a poucos homens.

Depois assinalei que a idéia de que o casamento é uma instituição concebida para controlar a mulher já era vista como mito no século X. Um guia de Londres, muito divertido, falava de um monge que, ao copiar um antigo manuscrito sobre o casamento, anotou à margem que casar as pessoas era como montá-las num cavalo. Apesar de o homem geralmente ir na frente segurando as rédeas e dar a impressão de controlar a velocidade e a direção do cavalo, as coisas muitas vezes não ocorriam assim. Algumas mulheres voluntariosas punham o homem para andar atrás desde o início. Outras permitiam que os homens fossem na frente segurando as rédeas enquanto elas iam atrás tomando as decisões. Mesmo mulheres aparentemente frágeis, que estimulavam os homens a estar no controle, sempre lhes sussurravam coisas ao ouvido ao chegarem numa encruzilhada importante e tinham mais a dizer a respeito do destino do casal. Ora, se um monge era capaz de entender a verdadeira natureza do casamento mil anos atrás, o que dizer de nós hoje em dia?

Eu não digo que o casamento beneficia mais a mulher do que o homem. Sugiro, sim, que ele as protege e a seus filhos no âmbito legal se o relacionamento não dá certo. Na pesquisa deste livro nós nos deparamos com dezenas de mulheres que, depois de décadas vivendo com seus parceiros, acreditavam não precisar de uma certidão de casamento. Várias descobriram que estavam erradas do modo mais difícil: não podiam nem visitá-los moribundos no hospital. Algumas foram postas à margem por esposas que passaram anos sem ver o marido, outras por filhos da ex-mulher. Eles voltavam para reclamar o patrimônio que essas mulheres iludidas pensavam que era seu porque haviam ajudado a construí-lo.

As razões para casar são muitas, mas a mais importante é a de que o casamento aumenta radicalmente as chances de que os relacionamentos sejam duradouros. Embora metade dos casamentos termine em divórcio, a minha estimativa é de que pouco mais de 5% dos outros arranjos de vida duram a vida inteira.

E, finalmente, os filhos de lares que têm pai e mãe se saem melhor na escola e na vida do que os que são criados em outras circunstâncias.

Se você é uma mulher que anseia por um casamento tradicional com marido e filhos, não deixe que ninguém a convença a renunciar ao seu sonho. Ele não é apenas romântico – é também bastante prático.

INFORMAÇÕES SOBRE OS PRÓXIMOS LANÇAMENTOS

Para receber informações sobre os lançamentos da EDITORA SEXTANTE, basta enviar um e-mail para
atendimento@esextante.com.br
ou cadastrar-se diretamente no site
www.sextante.com.br

Para saber mais sobre nossos títulos e autores, e enviar seus comentários sobre este livro, visite o nosso site:
www.sextante.com.br

EDITORA SEXTANTE
Rua Voluntários da Pátria, 45 / 1.404 – Botafogo
Rio de Janeiro – RJ – 22270-000 – Brasil
Telefone: (21) 2286-9944 – Fax: (21) 2286-9244
E-mail: atendimento@esextante.com.br